小学大事

丁世洪 著

XIAO XUE

把小教育做大 `\` 在课程中寻路 `\` 立于课堂中间 `\` 共创美好未来

天津出版传媒集团

天津教育出版社
TIANJIN EDUCATION PRESS

DA SHI

图书在版编目（CIP）数据

小学大事 / 丁世洪著 . -- 天津 : 天津教育出版社，

2024. 11. -- ISBN 978-7-5309-9353-8

Ⅰ . G627

中国国家版本馆 CIP 数据核字第 2024F39N73 号

小学大事

XIAOXUE DASHI

出 版 人	黄　沛
作　者	丁世洪
选题策划	张　颖　马　娜
责任编辑	丁凡戎
装帧设计	得天文化
出版发行	天津出版传媒集团 天津教育出版社 天津市和平区西康路 35 号　邮政编码　300051 http://www.tjeph.com.cn
经　销	新华书店
印　刷	成都市兴雅致印务有限责任公司
版　次	2024 年 11 月第 1 版
印　次	2024 年 11 月第 1 次印刷
规　格	16 开（710 毫米 ×1000 毫米）
字　数	279 千字
印　张	16.75
定　价	78.00 元

序

    童年色彩是五彩斑斓的，是最能被深刻记忆与永久回味的。我们的童年有一半在小学中度过，小学是心灵着色和为未来幸福奠基的阶段，是世界观、人生观、价值观的形成和发展的重要阶段。小学生天真烂漫、活泼可爱；小学校园应充满着阳光、回荡着笑声、彰显着自信、呈现着美好、闪动着灵性。

    迫于家长的过度焦虑，小学教育浮躁了起来，过度拼，过度跑，违背了教育规律，更违背了孩子的成长规律，使得教育功效大打折扣，须适时调整，立即修正，让学生重拾自信。

    分数是衡量知识掌握程度的一把标尺，它检测着孩子的认真与努力。但不能说考100分的孩子是优秀生，而考50分的孩子是差生，放弃对100分的崇拜，回归到对孩子现有水平的评估，以及对目标水平的追求。这样既不失天性，又激发热情。所以，小学之要在于鼓励其创新、奖励其进步。

    兴趣是最好的老师。人在从事感兴趣的事情时，会表现出积极主动、全力以赴，这是兴趣之魅力，也是兴趣之功效。如把兴趣提升至爱好，则又会表现出兴奋不已、全神贯注、废寝忘食、如痴如醉。这样既能激发内驱力，又有幸福感与成就感。所以，小学之要在于激情、激趣。

    态度是影响学习的第一要素。只要认真，奇迹就可能出现。态度可以具化成"认真""执着""坚持"。"认真"是不仅要知其然，还要知其所以然；"执着"是打破砂锅问到底；"坚持"是迎难而上，永不言退。所以小学之要在于养成端正的态度。

    习惯成就一生。在小学时，学优生与学困生之差，就一点，那就是习惯。学习习惯的养成主要取决于非智力因素，主要看每个人的意志、品德等方面。孩子的一言一行、一举一动，都能反馈其教养、品质，要让学生规范言行，在习惯中拔节生长。所以，小学之要在于建常规、养习惯。

良好的关系是教育的第一生产力。在小学，师生关系、同伴关系对孩子的影响非常大，和谐共生的能量会让孩子有安全感和归属感。老师既是"严父""慈母"，更是"朋友""伙伴"，同学既是"玩伴"，又是"学伴"，师生关系、同窗关系既亲近，又有边界。所以，小学之要在于营造良好的交往关系。

人生是长跑，不是短跑，短时冲在第一的人，未必是冠军。小学阶段作为孩子接受学校教育的起点，时间占了义务教育的三分之二，作为小学生的家长或老师，我们不但要"授之以鱼"，还要"授之以渔"，最为重要的是"授之以欲"。摒弃"机械刷题""重复练习"，让孩子们走进大自然、走进社会，去郊游，去奔跑，去看花红柳绿，去听蝉鸣蛙叫，让教育回归它本真的样子。

小学，至关重要，切莫不顾。

丁世洪
2023 年 11 月 5 日写于泷悦华府

把小教育做大

在课程中寻路

立
于
课
堂
中
间

共创美好未来

把小教育做大

孩子是生命的个体、独立的存在，教师应为生命而教。教师和家长成为"合伙人"，基于数据、源于证据，既"育分"，更"育人"，让每个孩子都"被看见""被尊重""被激励"，让他们有尊严地抬头走路，既让他们"耍"得好，又让他们"学"得好。

为生命而教

教育不是重现，而是重生；教师不是"复读机"，而是"灵魂工程师"。教师应尊重个体需求，遵循生命规律，顺性而教，为生命而教。

前几周，路过家门口的小河边，偶遇一只成年野鸭领着三只小鸭练习钻水。只见成年野鸭往水中一钻，"小的们"照样画瓢，也跟着游出去很远。它们你追我赶，嘻嘻闹闹，在玩耍中不经意间习得了钻水技能。

"野鸭钻水"教学，用的不是"教师讲、学生听"的讲授法，而是"老师"躬亲示范的演示法，让小野鸭亲身经历，在做中学，在做中获得发展。这里的教育没有程序式，也没有说教式，更没有恐吓式，有的却是放手与信任，是"看着我做""跟着我做"……

若换作机械式的教程会总结出"钻水的动作套路：一进水、二钻水、三游水、四出水"，运用"组、复、新、巩、布"的课堂教学模式，让学生按照秧田式的座位排排坐，以"要发言，先举手"的课堂规范，要求他们聆听老师对动作的逐一讲解，完成"练习十遍"的作业后参加考试，以成绩从高到低评定"三好学生"。

从"野鸭钻水"教学中，我们可以得到一些启示：尊重生命，尊重天性，正确引导，顺性而教，为生命而教。

传统的教育里，一堂课的时长是有限的，有的教师却准备了一二十页PPT，八九个课堂环节，四五套练习题，滔滔不绝地讲，试图以机械重复的灌输式教学，大容量地让学生获取知识，却忽视了学生的主体性和能动性。也有的教师把学生当成了提线木偶，让学生坐得直直的，小手举得高高的。教师在讲台上眉飞色舞，学生在座位上只能"唯命是从"，没有讨论，不敢质疑，学生的自主意识、创造性等得不到培养。还有的教师为追求高分，不断给学生施压。课堂上讲不完的，"拖堂"占用课间休息时间讲，如若还不够，索性侵占午休时间再讲。布置的作业也是一大堆，不论学生会做不会做，全班"一刀切"，导致有的学生做家庭作业至晚上十一二点，严重影响了学生的健康发展。

反观我们的教育，教师教得累，学生学得苦。总结原因时，教师们往往会怪罪于学生，"脑子不够使""习惯太差""缺乏家教"之类的话语脱口而出。实质上，教师要承担很大一部分责任。以"写字指导"为例：当下学生的书写，可谓"王小二过年，一年不如一年"，有越来越差之势。责任在学生吗？不全在。教师分析字的时间比学生写的时间多，听大于练，怎能提高？再者，分析没有基于学情，"构字规律"没有把握住，"细枝末节"却讲了一大堆，如"长横有一点点向上斜"等，试问这个"一点点"学生能写得出来吗？如若以学生为本，先放手让学生写，充分暴露不足；再尊重学情，进行有针对性的指导；最后比照范字，让学生自主修正，这样的效果，可能会更好。

每个人都是一个独特的生命。教师应尊重学生个体生命的发展需求，为生命而教，遵循生命规律而教。不要蛮干，不要反规律而行。

我的教育信条

健康的身，聪慧的脑，温暖的心，这是我的教育信条。

孩子六七岁，便进入小学，经历学习生涯中最长的阶段，度过人生中最为宝贵且变化最大的六年时光。

这六年，孩子从幼稚变得成熟，从懵懂无知变得懂事知礼，是成长的关键期。这个关键，不在于学习成绩，而在于品性的养成，比如有什么样的生活学习习惯，对人对事的态度如何，对待学习的态度怎样，等等。

但往往我们认识不到这一点，认为学习就应以"考分为王"，90分还不行，必须超过98分才行；或者自己认识到了，却迫于考试的压力，或因身边人的影响，人云亦云，亦步亦趋，放弃了本该有的正确认知，选择了随波逐流。

这，事关我们的教育信条，也事关我们对教育信条是否坚定笃行。

教育，一个熟悉而敏感的话题。所谓熟悉，是因为我们都经历过，且还是教育者；之所以敏感，是因为负面舆论太多，人人皆可评、皆可论。信条，是一种主观判断，是我们信仰并遵守的准则。这也是一种心智模式，影响着我们做出正确的判断。

教师也好，家长也罢，因家庭环境、受教育程度、宗教信仰、接受资讯方式等方面的不同，其信奉的教育信条也不一样。思想决定行动，这势必导致"各吹各的号，各唱各的调"，一个班有几十种教育理念，一所学校有上千种教育思想，学校与教师间的思想没有统一，各学科教师之间的思想没有统一，家长与教师间的思想没有统一，家长与家长间的思想更没有统一，各行其是，多向用力，无法拧成一股绳，形不成合力。

世上有两件事情最难，一个是把别人口袋里的钱装进自己的口袋，一个是把自己的思想装进别人的脑袋里。统一教育信条，事难，路艰，却势在必行。小学属于九年义务教育，必须毫不动摇地坚持德智体美劳"五育并举"，但也可以有校本化、班本化或家本化的个性表达。

健康的身

健康的体魄是幸福生活的源泉，是一切工作的坚实基础。身体就是"0"前面的"1"，"1"倒了，再多的"0"，也等于零。时下，"小眼镜""小胖墩"数量庞大，一个班平均有十五六个"小眼镜""小胖墩"，在体质健康监测中，一些孩子不能及格。关爱健康，迫在眉睫。

坚持"健康第一"，秉承"这重要，那重要，健康最重要"的理念，从睡眠、饮食和运动三个要素，深入实施"健康中国"行动。落实健康教育课程，让学生每天睡足 10 个小时，中午半小时左右的午休。学校提前发布"校园餐"食谱，家长应有针对性地科学安排"家庭餐"，保证既有"山的味道"，又有"海的味道"。增加锻炼，多运动，规范"眼操"，穴位准确，落实校内校外每天各锻炼 1 个小时。帮助孩子养成良好的卫生习惯，普及健康知识，预防疾病，如勤洗手、使用公勺公筷等。每年一次健康体检，足量饮水，减少饮料摄入，规律作息，教会应急救护知识等。营造积极健康的生生、师生、家长与学生之间的人际关系，纾解孩子不良情绪，维护心理健康，建设友好型校园或家园。

聪慧的脑

谈到大脑的聪慧，我们很容易联系到智商。科学研究发现，人与人的智商有差异，但大多数人智商差别并不大。孩子脑力的培养，还在于他们自己后天的努力。当下，文化类的教培市场得到了有效遏制，但少许披着华丽外衣的"识字班""算术班""奥数班"禁而不绝，家长们暗中还趋之若鹜。其利弊如何？个人认为，从孩子头脑发育的角度来看，若以兴趣探究为主的教学则有利，若仅是传授知识则为弊。另外，传统的灌输、机械重复的刷题等一些只重视现成知识和技能习得的教学方式，也可能阻碍孩子大脑的发展。

长期行走在课堂中，我们会发现，影响学生学习效果的主要因素应是习惯。比如学习拖拉磨蹭，注意力不集中，或是集中时间较短，容易走神，橡皮擦上的"洞洞"，便是例证；思考不深，层次浅，表达不完整，或表达不出来；没有自己的主见，经常被别人"牵着鼻子走"；等等。叶圣陶曾说"教育的目的是培养习惯"，这是小学教育的应有之义、应尽之责。

感官是心灵的门户，感官对脑力发展具有头等重要性。鼓励孩子多阅读、仔细听、动手做，锻炼专注力，手眼协调，刺激孩子的视觉，培养孩子的观察和辨别能力。鼓励孩子玩一些益智玩具，如魔方、华容道等。好奇是人的天性，是创造的原始动力，极力保护孩子的好奇心和求知欲，培养他们发现问题和提出问题的能力。树立"思维第一"的理念，以孩子为中心，通过一系列的提问、追问去引导孩子回到知识的原点，重新去探索、去发现、去实践，让孩子积极思考，激发内在学习动力。

温暖的心

一个人的智商可能决定人生的下限，情商才能决定上限。现在的孩子，都是家中的"小皇帝""小公主"，他们过着饭来张口、衣来伸手、养尊处优的生活，自理能力差，又特别"自我"，表现为表情木讷、基本不会主动与人打招呼；说话太直接、不尊重别人；喜欢大吼大叫、不会合理表达情绪；在外怕生人、在家吼父母；自私小气、爱发脾气；不会与人交往，喜欢通过贬低他人来抬高自己；等等。

温暖从心出发，育人从小事开始。古希腊哲学家苏格拉底曾说："在这个世界上，除了阳光、空气、水和笑容，我们还需要什么呢？"我们要引导教育孩子常以微笑示人，表现出阳光的心态，心存善意，增强自己的感召力和亲和力；引导教育孩子主动与人打招呼，这既是一种交往方式，又是一种礼貌的表现，容易赢得别人的喜爱；引导教育孩子"日行一善"，关爱老人，关心他人，如帮父母做一件力所能及的小事，为同学解决一个小问题等；引导教育孩子随时把"你好""对不起""谢谢""请"等礼貌用语挂在嘴边，既表达了尊重，又温暖了他人；引导教育孩子懂得谦虚，认识自己的不足，学习别人的优点；引导教育孩子热爱劳动，整理好个人的仪容仪表，主动做家务和班级事务；等等。总之，通过一点一滴的教育，一丝一毫的感染，让孩子成为一个有爱心、用真心、懂贴心的人。

为什么要学习

> 人生只有走出来的精彩，没有等出来的辉煌。有目标、有动力、能自控的人，才能成为一个有用、有价值的人。

"我为什么要读书，要学习呢？"这可能是孩子经常问的一个问题。现在的孩子，衣食无忧，千娇百宠，学习的目的对有的孩子来说可能是不明确的，学习动力不足，学习的主动性也不够。需要老师、父母的引导，为其辨识学习是什么，为什么要学习，以及怎样学习。我们可以把如下内容讲给孩子。

"学习是什么"

学习的本质，就是想办法把不会的变成会的。"学"和"习"是两个不同的东西，"学"的意思，是模仿和效仿，是汲取知识；"习"的意思，是运用知识，付诸实践。孔子讲"学而时习之"，就是把自己效仿来的东西，不断地投入实践，从而将一个外在的标准变成内在的习惯和需求。在小学，学习就是培养习惯，养成好的做人、做事的习惯，养成好的思维习惯。如与同学友好相处的习惯，整理错题的习惯，一一对应的习惯，举一反三的习惯，等等。

"为什么要学习"

人为什么要学习？一个矿泉水瓶子，它最多也就值 1 角钱，但是如果把它装上水的话，那么就值 1 元钱甚至是 3 元钱不等；如果把它装上牛奶，它就会被赋予更高的价值；如果给它装上名酒，那么它的价值自然更高。如果人的脑子里面装的全部都是知识的话，那么它就会增值。学习不仅仅是为了考高分、升名校、当大官、发大财；也不是为了父母、老师高兴或完成任务。学习是为了实现自己的人生价值，这种转迷成悟，会使自己愉悦，使自己快乐，使自己矢志不渝。当然，想要成为一个有用的人，一个有价值的人，必须多多努力学习。

"怎么学"

一是有目标。没有目标就像无头的苍蝇，到处乱飞乱撞，毫无章法，碰得满头是包、满身是血。一要树立长远的目标，让自己去追梦。正如《中国少年先锋队队歌》的歌词"我们是共产主义接班人"一样，"接班"就需心系祖国、关心人民、造福社会。可以根据自己的兴趣、爱好、特长等树立目标，如喜欢篮球的同学，可以树立自己的"球星梦"；喜欢飞机的同学，可以树立自己的"航天梦"；喜欢画画的同学，可以树立自己的"画家梦"；等等。二要树立短期的目标，让自己去圆梦。这个目标一定要清晰、具象化，不能简单地说"我要上清华，考北大"，或要有进步、分数超过其他人，这种目标太模糊、太笼统了。短期目标怎样制定呢？比如语文在基础上丢的分不能超过 3 分，数学在计算上失的分不能超过 2 分等。

二是有动力。再美好的目的地，不加油，汽车也跑不起来，当然也是无法抵达的。学习的动力是什么？就像打游戏一样，它能让你无法停下来，其根本原因就是游戏让你获得了不断战胜别人的感觉。学习也如打游戏，它会让你停不下来。第一，永远不要认为自己比别人差，千万别对自己说"我不行"，世界那么大，车到山前必有路。第二，正面"战场"干不过，就拿下局部"战争"的胜利。从自己的优势科目入手，突击猛攻，建立自信。不妨先成为"偏科生"，再成为"全科生"。第三，树立一个"假想敌"，分析他的情况，然后想办法超越他。

三是能自控。能改变自己的，不是爸妈的催促，不是老师的教鞭，是自己主动迈开的步伐，用它去丈量前程，才能找到那个优秀的自己。你起不来的早晨，有人能起；你吃不了的苦，有人能吃。最厉害的人说起床就起床，说做就做，说玩就玩，说收心就收心，拿得起放得下。学会自我管理、自我约束、自我学习、自我成长，"逼"自己一把，必将创造奇迹。

学习不是为了超越别人，而是为了给自己一个交代。美好的东西从不会轻易获得，成功靠的不是豪言壮语，而是脚踏实地、持续努力。做没有做过的事情叫成长，做不愿意做的事情叫改变，做不敢做的事情叫突破，最可怕的是所有都留给明天。

人生只有走出来的精彩，没有等出来的辉煌。如果自己不努力，谁也给不了你想要的生活。努力是人生的态度，实力才是你的尊严。

每一位孩子全面且有个性的发展

有教无类，"五育并举"，因材施教，为了每一位孩子全面且有个性的发展。

党的二十大报告指出，坚持以人民为中心发展教育，加快建设高质量教育体系，发展素质教育，促进教育公平。教育公平是社会公平的重要基础，要不断促进教育发展成果更多更公平惠及全体人民，以教育公平促进社会公平正义。那么，作为一线教师能为教育公平做些什么呢？

随着教育改革政策的落地，人们对教育公平的关注点从起点公平走向过程公平，更加关注教育的获得感、公允度，更加关注育人方式的转变以及教学质量的提升。从这个意义上讲，教育公平的"最后一公里"就在学校里、班级中、课堂上。因为孩子对教育公平的真实体验来源于自己的老师，老师公正不公正，公平不公平，民主不民主，孩子是看在眼里、记在心里的。这就要求老师在学校里对待孩子应该一视同仁，在班级中教育孩子应该全面多样，在课堂上供给教育资源应该优质均等。

有教无类，为了每一位孩子的发展

"有教无类"是指教育不分贵贱贤愚，人人都可以接受教育。这是公平地对待教育对象的体现，也是教育公平的起点，更是师德之规范。当下，在小学，就近入学、随机分班相对公平，但少数的"招呼"也破坏着教育的公平。学校应在充分考虑孩子性别的基础上进行"电脑排位"，随机编班。其次在班干部选聘上，要坚决纠正"关系户"或家庭优越、学习成绩好的孩子霸占班干部岗位的现象，树立"人人都是领导者，也都是服务者""人人有事做、事事有人做"的观念，让每一位孩子的责任心以及组织能力都得到锻炼。在座位的安排上也要体现公平，不能"学优生长期在前、学困生总是在后"，应以科学的方式固定的时间轮换座位。课堂上，老师要适当地来回走动，适时调整自己所处的位置，以便能关注到全体学生。在课堂提问或活动组织时，不要总让学优生"出镜"，而让其他孩子当听众、做看客，争取平等地对待每一位孩子。

"五育并举"，为了每一位孩子的全面发展

"五育并举"是指促进德育、智育、体育、美育、劳育的全面发展。2019年，中共中央、国务院在《关于深化教育教学改革全面提高义务教育质量的意见》中提出：坚持"五育并举"，全面发展素质教育。这既体现了教育内容的公平，又实现了教育公平与质量的融合。

长期以来，因受"功利主义""工具主义"的影响，"五育分离"或"五育割裂"的问题相当严重，主要表现在"长于智、疏于德、弱于体、少于美、缺于劳"的现象，远离了"素质教育""全面育人"的教育宗旨。作为新时代的教师，切莫各自为政，摒弃各学科教师只关注本学科的弊端，把立德树人贯穿于教育教学的全过程，改变"点状""割裂"的思维方式。围绕"五育"融合整体设计教学，避免各"育"进行简单叠加，整合各"育"的教学资源，聚焦"大单元、大情境、大任务"进行主题化教学。倡导教师的教是基于"五育"融合的教，孩子的学是围绕"五育"融合的学，课堂的评也是紧扣对"五育"融合的评，追求"五育"共生共长的最高境界，充分发挥每一堂课、每一个教育活动综合性的"五育效应"，整体发挥育人功能。

因材施教，为了每一位孩子全面且有个性的发展

"因材施教"是指教师遵循孩子的个体差异，对症下药地进行差异化教学，促使每位孩子都能得到最大程度的发展。这是教育方式的公平，也是最大的教育公平。

有人认为，教育公平就应该强求一律，用同样的模式平均地对待每个孩子，从而使每个孩子均衡发展。这种观念表面上看似很公平公允，实质上是最大的不公。因为，每个孩子的禀赋不同，生长环境也有差异，用同一种模式来要求孩子，就会削足适履或宽不成履。

每位孩子都是独立的个体，孩子与孩子之间必然存在差异，教师在教学中要尊重孩子的差异与独特性，允许他们多样化发展。应为不同的孩子量身定制不同的教学方案，采用"一人一案""一生一法"的方式，实施个体化或个性化

教育。合适的才是最佳的，教师要充分了解每位孩子的思想、心智、兴趣、爱好，因材施教。另外，教师在课堂上还应紧扣教学目标，依据差异性的课堂评价标准，对每一位孩子进行适切性的评价，引发思考，激发创新思维，提高其学习的积极性。

载于《自学考试报》（2023 年 6 月），有改动

教育孩子才是父母的主业

孩子是父母幸福的源泉，现在父母对孩子的教育缺位，会造成一系列的负面影响。任何成功都无法弥补家庭教育的失败。问题孩子的背后往往有一个问题家庭。在孩子面前要树立老师的权威，保持与老师的高度一致；家庭教育中，成员之间做到要求统一、教育一致。

一本杂志上曾刊载这么一个故事：有位年轻的妈妈去请教一位大师，她问大师："我家的小孩不听话怎么办呢？"大师反问："你复印过文件吗？如果复印件上面有错字，是改复印件还是原件？"问题不解自明。孩子不听话，责任在父母而不在孩子。

既然选择了生，就必须自己养

有这样两个家庭。第一个家庭的孩子是 2014 年的高中毕业生，以优异的成绩考入了顶级大学，当地教委邀请这个孩子的父亲作了一场报告，报告虽平实但感人，赢得了阵阵掌声，大半听众声泪俱下。孩子父母的文化程度不高，小学都没有毕业，但这对夫妇"很怪"，不管在什么情况下都一直把孩子带在身边。当时他们想去浙江打工，这个父亲首先问能不能带孩子一起，能带孩子就去，不能带孩子就不去。当孩子读一年级时，夫妻俩毅然决定，放弃浙江很好的工作和很高的收入，回到县城打工——做家政服务，其收入大概只是在浙江的四分之一，但夫妻俩不管这些，只为了照顾好孩子，给孩子一个完整而温暖的家，不让孩子缺失母爱父爱，让孩子时刻感受家庭的温暖。

另一个家庭里，孩子的奶奶是一名高中教师，爸爸也是教师，妈妈是财

· 把小教育做大 ·

务，按理说孩子完全可以由奶奶带，小两口可以无忧无虑、自由自在地"潇洒"生活，但这个妈妈没有这样做。她不想让孩子成为"留守儿童"，便辞去了沿海地区的高薪工作，选择在县城的一个小公司打工。当孩子 2 岁的时候，奶奶已经退休，便提出带孙子，让年轻的小两口专心工作，然而这个妈妈拒绝了，选择既上班又带孩子。就为这事，这个家庭还产生了一场风波，孩子爸爸责备这个妈妈，说她"身在福中不知福，有这么好的条件，还要自己带孩子"，而奶奶呢，又猜测是不是儿媳妇不相信自己，怕自己苛刻了孩子。妈妈说了一段话，才"征服"了全家人。她说："既然我有能力生孩子，我就有能力养孩子，照顾、陪伴、教育孩子是我们做父母的责任，不是孩子奶奶的责任，我决不允许孩子和我分开，就算受生活逼迫真的没办法了，必须背井离乡，我也会带着孩子。"

是呀！我们既然选择了生孩子，那就必须自己养孩子呀！自己带的孩子才亲。在孩子的心目中，父母就是无所不能的神，孩子的安全感几乎都来源于父母，可以信赖，可以依靠，可以托付一切。

任何成功都无法弥补家庭教育的失败

有一个四年级的孩子，他长期被父母用棍子押着来上课，父母一旦离开，他就逮个机会溜出去找一个没有人的地方自己玩儿，老师、同学去找他，他就躲起来。有人会问，为什么他不跟同学玩儿？那是因为他不懂得怎样跟别人玩儿，他玩儿的方式就是给别人一拳或一脚，这样还有同学跟他玩儿吗？由于"树敌"过多，常常把自己弄得很狼狈。这孩子的学习成绩就不用说了，学校、老师都很头疼。为什么会这样？仔细询问后得知，他的家庭比较特殊，他父母第一个孩子是女儿，顶着计划生育政策生了这个儿子，父母为了挣钱，孩子断奶后就外出打工了，留下孩子由奶奶照看。奶奶非常心疼孙子，真是"含在嘴里怕化了，捧在手里怕摔了"，生怕别人伤害他，不准孙子跟其他的小朋友玩儿，只能待在家里。由于过度保护，孩子不懂得与人沟通交流，才出现了开头的一幕。事实上他的父母钱是挣到了的，在县城里全款买了房，但这对夫妻夜深人静的时候常偷偷躲在被窝里哭，而且是撕心裂肺地哭。由于精神压力过大，这个孩子的母亲积郁成疾，身患癌症去世了。

孩子是父母幸福的源泉。假如孩子成功了，当上了总裁，当上了职业经理……父母会沾沾自喜地向亲戚朋友"炫耀"。假如孩子染上了毒品、经受了牢狱之灾，父母将在煎熬中度日。

教育孩子必须做到一致

有个孩子上小学一年级时，语文老师教的"方"字的笔顺是"点、横、横折钩、撇"，他回家做家庭作业的时候，碰巧被父亲看见他正在写这个字的笔顺，就对孩子劈头盖脸地一顿批评，说他笔顺写错了。孩子反驳道："老师是这样教的。"为了维护自己的脸面，父亲恶狠狠地说："不要听老师的，你们老师是错的，她的中专学历哪能比得上你爸爸的本科学历呢！"孩子心中一盘算，对呀！从此以后，孩子总认为老师是错的，上课就不听了，自己搞自己的，成绩就一落千丈了。

所以，家庭和学校之间一定要保持一致，在孩子面前一定要树立老师的权威，不得有诋毁老师的言行，否则吃亏的不是老师，而是自己的孩子。

还有这样一个家庭，父母给孩子制定了很严的家规，其中一条就是放学后不买"路边摊"的食品，可爷爷奶奶却成了破坏家规的"首犯"。因为爸爸妈妈要上班，每天接送孩子就成了爷爷奶奶的工作，接连几天爸爸妈妈发现孩子回家后不怎么吃晚饭，猜测可能是爷爷奶奶给他买了零食吃。夫妻俩商量决定，为了孩子的健康，来个家庭"谈判"。他们先商量好对策，原则是既不伤老人的心，又能解决眼下的问题。于是在"谈判"之前，他们做了很多准备工作：在网上搜集垃圾食品对孩子的坏处，查找和老年人交流的语言技巧和时机……在夫妻俩的精心准备下，"谈判"进行得非常顺利，爷爷奶奶看完"谈判资料"，着急得不得了，还一个劲儿地指责夫妻俩不早点跟他们说，要早知道是这样，他们怎么忍心让自己的孙子吃这些垃圾食品呢？

在养育孩子的过程中，父母、爷爷奶奶或外公外婆对孩子教育要求不一致的情况是经常存在的，主要表现为有人要管、有人要放，有人要严、有人要宽，有时还故意在孩子面前扮演黑白脸，以为一个打、一个拉，有哄他的、有吓唬他的，才是最有效的教育方法，其实这个方法是大错特错的。这种情况下，孩子就会在其中钻空子，被一方管教后就跑到另一方去诉苦，被一方罚了就跑到另一方去讨赏。所以在家庭教育中，家庭成员之间一定要做到教育一致。

身教大于言传，家长才是最好的活教材

有一对经商的夫妇，工作非常忙，应酬也特别多，没有时间照顾孩子，于是把孩子寄养在当老师的妹妹家里，每周去看一次。有一次，夫妻俩偶然间看到了孩子的日记后抱头痛哭，毅然决定把孩子接回家自己带。是什么原因呢？原来孩子在日记中写道："我的爸爸妈妈真的特别忙，没有时间照顾

我，我理解他们。等他们老了，我要把他们送到最好的养老院，每周去看他们一次……"

　　家长是怎样对待孩子的，将来孩子也会怎样对待家长。父母的言行，将会对孩子的成长产生深刻的影响。孩子成长为优秀人才的背后，总有一个温馨和谐的家庭。一个问题孩子的背后往往有一个问题家庭，孩子的问题总能在父母身上找到痕迹。父母的一言一行永远占据着孩子心里的重要位置，孩子潜意识会认同自己的父母，会在不知不觉中模仿自己的父母，把父母的举动映射出来。

让孩子有尊严地抬头走路

学生是学校的主体，应站在学校的"C位"。学校应树立"全人教育"的观点，倾听每一个孩子的声音，鼓励每一个孩子，既"育分"，更"育人"，让每一个孩子在校园里有尊严地抬头走路，帮助一个个活泼的生命成长。

孩子们喜欢的读物《窗边的小豆豆》，描述了一个儿童理想的校园——巴学园，这里没有固定的课程安排，可以选择自己喜欢的题目。校长和老师尊重每一个孩子，师生、生生之间平等、和谐，人人都享受着有自尊、有个性的生态式教育。这是孩子们憧憬的、向往的校园，没有居高临下的指使，也没有"黑"着脸的老师，更没有没完没了的作业，却有耐心倾听的校长、充满乐趣的学习、不染世俗的纯净。

校园里最大的群体是孩子，若让他们是学校的主体，应站在舞台的中央，但有些时候他们却常常处在相对弱势的位置。训斥声笼罩整个校园，孩子们的每个动作、每句话都很"小心"，好似"惊弓之鸟"，天性被束缚了，兴趣被压抑了，甚至有些孩子排斥学校、讨厌老师，不想上学。

生命是大自然最为神奇的创造，生命个体因独特而不可替代，每个生命的理想归宿便是成长为最好的自己。我们应树立"全人教育"的观点，倾听每一个孩子的声音，鼓励每一个孩子，为孩子一生的幸福而工作，既"育分"，更"育人"，让每一个孩子在校园里有尊严地抬头走路，帮助一个个活泼的生命成长。

"教育学首先是关系学"，积极、亲切、融洽的师生关系，会让孩子感受到接纳和支持。只有把自己变成小孩子，才配做小孩子的老师。首先，我们要变成"长大的儿童"，经常"混迹"在孩子中间，用孩子的眼睛看世界，用孩子的方式思考事情，和他们一起坐、一起想、一起玩、一起学，如静下来共读一本书，动起来一起跳橡皮筋，疯起来一同捉迷藏等。我们也得蹲下来"看见"孩子，看见他们的"好奇好问""纯洁天真""无忧无虑""活泼好动"；看见他们的情绪，喜怒哀乐我们陪着，"同仇敌忾"我们跟着……看见他们的交往，与哪个孩子的关系好，与哪个孩子的关系不好。哪些需要鼓励，哪些需要引导，掌握他们的密码，传递心的声音，用童心去呵护孩子的童年。还得"看见"孩子的差异，世上不可能有两片相同的树叶，更不可能有两个相同的孩子。善于"睁一只眼闭一只眼"，用另一只眼睛去发现孩子的优点和闪光点；平等地对待每一个孩子，无论什么家庭条件，无论成绩好坏，不戴"有色眼镜"看人，"看见"优秀的"小红"，不起眼的"小花"，调皮捣蛋的"小明"，让每一个孩子都能感受到自己的存在，让他们获得满满的安全感和归属感。

人都有被尊重、被认同的需要。而时下的我们是这样的：当孩子在我们提问之前已经说出了预设的答案，我们惯用的做法是选择忽略，继续自己的预设；或问题提出后，我们在极力寻求自己预设的答案，而对不同的答案，往往选择置之不理，或者直接否定，等等。这些做法让孩子们的自主意识被抑制，表达、探究的权利被剥夺。儿童自有一套感知、理解外界事物的体系，我们应从权威的神坛上走下来，以学生为本，遵循儿童的身心发展规律和认知规律，摒弃"教师问、孩子答"的固有模式，少当"话霸"多倾听，少板面孔多互动。从孩子中来，再回到孩子中去，鼓励他们大胆地表达自己的观点，充分发挥孩子的主体性。一切围绕"孩子的需要"做文章，倾听孩子们的原声音，关注孩子们的原体验，洞察孩子们的真问题，用"儿童的哲学"开发儿童、引领儿童、发展儿童。

人类最本质的渴望是被肯定，我们要经常邀请孩子参与各种公共活动，让他们体会到自己是学校或家庭的一分子，这种连接感让孩子有归属感；我们也要有"人人有事做、事事有人做"的理念，培养孩子自己做决定的能力，锻炼自信心，点燃激情；我们还要相信每个孩子都"潜力无限"，经常为他们提供挑战性的任务，在挑战中学习，锻炼其韧性，培养成长型思维。当然，我们更应该与孩子们一同设定成长目标，长期目标"能牵引"，短期目标"够得着"，让他们一点点地实现自己的目标，挖掘生命的潜能。当他们获得成功后，用充满仪式感的活动为其庆祝，激励他们迈向更高的目标，让他们在"我是谁""我将成为谁"的张力中不断自我突破，实现新的成长。

亲其师才能信其道

亲其师才能信其道，良好的师生关系才是好的教育，教师应积极营造父子、伙伴、同学般的师生关系。

良好的人际关系是个人幸福感的重要支柱，正如在一个单位待得舒不舒服，同事关系、上下级关系是很重要的，这些关乎我们心情的愉悦度、工作的效能感等。小孩子的自我认知能力相对较弱，经常将教师、家长等权威的评价作为评判指标，因此良好的师生关系对小孩子的幸福感会产生更多更直接的积极预判。

目前，在小学中，大多数的师生关系是良好的，但仍然存在师生关系不平等、教师对孩子缺乏尊重，师生关系疏远、师生之间缺乏交流等问题。正所谓"亲其师才能信其道"，师生关系和谐，教育就不是难事。"双减"背景下，良好的师生关系才是减负提质的关键，良好的师生关系就是好的教育。

父子般的师生关系

著名教育学家马卡连柯曾说："没有爱就没有教育"，爱每一个孩子，这是每一位教师都应该坚守的原则。这种父子般的师生关系是亲密的，但需要适度——老师既当"严父"，又当"慈母"。

当孩子学习出错、违反校纪班规……这时教师要像一位严厉的父亲一样对待自己的孩子，立规导行、晓之以理、严肃教育，让他们感受到父爱般的威严，从而自我悔改、自我教育、自我管理和自我修正。

当孩子遭遇挫折与困难时，教师要给予慈母般的爱，细心关注他们的生活与学习，主动与他们沟通交流，热情帮助他们解决困难，拉近师生之间的距离，以期心有灵犀、心心相印。

伙伴般的师生关系

马卡连柯还有一个相当重要的教育原则："只有更多地尊重孩子，才能更多地要求孩子。"现在的孩子，不论是年龄大的还是年龄小的，年级高还是年级低，都有自己的思想。他们喜欢平等，渴望被尊重。师生之间只有相互尊重、相互信任，才能展开心与心的交流。

作为教师，我们应该蹲下去与孩子在同一高度看世界，以儿童的思维思考世界，让我们重新"变回孩子"，去理解他们的情感、行为、兴趣、爱好等。只有这样我们才能更好地理解孩子，才会选择更合适的方法与他们相处。

作为教师，我们不能自视清高，应放下架子，与孩子交朋友，课堂上讲个笑话，课间一起游戏……这些会让我们走进孩子的内心世界。

同学般的师生关系

《礼记·学记》："是故学然后知不足，教然后知困。知不足，然后能自反也；知困，然后能自强也。故曰'教学相长也'。"在日常的教育教学中，教师应引导孩子从善如流，用渊博的学识激发孩子勤学上进，让孩子喜欢老师、膜拜老师，从而提高内驱力，促进他们的健康成长和全面发展。

学校是师生共同成长的沃土，教师应了解孩子的内心世界和性格品质，使自己的教学方法更加适切，把孩子的学习实践和创新见解作为自己重要的教学资源，使自己的教学经验更加丰富……师生一路陪伴，共同成长。

载于《自学考试报》（2024年1月），有改动

让孩子成为同学喜欢的人

一个微笑、一句问候、一次握手、一份善举、一日自省……调适心理，点亮智慧人生。

孩子进入小学后，与父母交往的时间明显减少，与同伴交往的时间明显增多。这些"小不点"心里有"秘密"时，更愿意与同伴分享，也更容易接受同伴的影响，与同伴保持一致，只有这样他们才觉得有安全感和归属感。

马斯洛需求层次理论告诉我们"归属和爱以及尊重"是人需求的重要组成部分，因此同伴关系决定着孩子生活的质量和幸福感。健康的同伴关系，能让孩子学会合作协商、推己及人，能形成正确的人格和自我认知，并有利于培养社会能力，获得社会价值。相反，被群体孤立则会产生自卑，进而导致心理和行为出现偏差、缺乏社会能力等障碍。

每个孩子都希望自己人缘好，受同学欢迎，能融入同学当中。在没有任何血缘关系的情况下，怎样才能让别人对自己产生好感，使同学认同、喜欢自己，并成为朋友。心理学上的"亲和效应"可以给我们一些启示。

所谓的"亲和效应"，实则是人们常有的心理定式，也叫"亲和力"，是指使人亲近、愿意接触的能力。美国心理学家麦独孤说："人际亲和是人的本能之一，是动物进化中的自然选择。"所以我们可以运用"亲和效应"来培养孩子的社交能力。

一个微笑

正如歌词"你笑起来真好看，像春天的花儿一样"，微笑，是一缕春风，能吹散心头的郁闷；微笑，是一束阳光，能温暖每一寸肌肤；微笑，是潺潺的小溪，流动着欢快的音符；微笑，更是最生动的语言，也是一个人最美丽的瞬间。

"皱眉头只是一个人的事儿，而微笑却可以感染整个世界。"如若孩子常微笑，不仅可以调适自己的心态，使自己保持愉悦的心境。微笑这种无声的语言还具有魔力，能感染身边人，营造轻松的氛围，让身边人阳光面对每一天。

一句问候

"良言一句三冬暖"，主动问候他人，礼貌待人，是人际关系的起点，更是人际交往的润滑剂。良言可以打破陌生人之间的界限，增加双方的亲密度，拉近彼此间的距离。问候是一幅风景，永远美丽清新；问候是一缕阳光，洋溢着温馨。

陌生人之间的"点头之交"，如"两眼相对，点头一笑"；同学之间的"寒暄之问"，如"早上吃的什么""爸爸送的你，还是妈妈送的"；见长辈时的"礼貌之问"，如"老师您好""叔叔您去哪里"；等等。这些主动、热情的问候，给人以敬意，使人感到温暖，能激发彼此交往的兴趣。

一次握手

"握手百忧空往事，还家一笑即芳时"，握手是国际惯用的一种交际方式。真诚友好的握手，能够刺激大脑中的愉快中枢，增进彼此之间的好感。握手表示友好，沟通原本有隔阂的情感，加深双方的理解和信任；握手表示尊重、祝贺、鼓励等。

第一次见面激动时的握手，离别之际不舍时的握手，久别重逢欣喜时的握手，消除误会释然时的握手……给人以力量，让人感到温暖，给人留下深刻的印象，从而赢得交际的主动。

一份善举

"勿以善小而不为，勿以恶小而为之"，善念是竞争力，善举是生产力，善行是道德的崇高。"日行一善"，每天都做一件善事，时时提醒我们"存善念、发善言、行善事"，让我们心怀爱与感恩，度过人生中的每一天。这不仅可以提升自己的修养，更是净化自己心灵的方法。

当孩子们"见到垃圾主动捡起来""见到老爷爷老奶奶主动让座""见到同学有困难主动帮忙"，用真情真爱、用善良之举，帮助他人、温暖他人时，自己的道德品质在提升，生命意义在升华，传递着闪耀人性光辉的正能量。

一日自省

曾子曰："吾日三省吾身：为人谋而不忠乎？与朋友交而不信乎？传不习乎？"反省是自我对话、自我觉察，是自寻原因，自我提升。反省，是曙光，能带来新的黎明；反省，是阳光，能带来无限的温暖；反省，是街灯，能照亮夜行的路。

孩子们可以在每天临睡前想一想"今天的知识都学懂了吗""今天我最值得骄傲的事情是什么""哪些地方以后需要改正"，在反省中修正自己的行为，在反思中增补自己的知识，这样自律的人，让人佩服。

这五个"一"，点亮智慧人生。

好的亲子关系胜过好的"补习班"

好的亲子关系是双赢,坏的亲子关系是"互掐"。在家里,多讲爱、少讲理,多倾听、少说教,多鼓励、少指责,因为好的亲子关系胜过好的"补习班"。

家庭是孩子的第一所学校,父母是孩子的第一任老师。但父母这类"老师"大多未接受过专业的培训,既没有"教师资格证",也没有"父母从业证",属于"无证上岗"。教育孩子仅凭父辈给的经验或"想当然"的一番摸索,难免会"磕磕碰碰",有时则是"伤痕累累"。

父母对孩子成长影响往往最大,亲子关系决定着孩子的性格以及人生的幸福。好的亲子关系是双赢,当都以最好的生命状态相互对待时,彼此能感受到生活的幸福、生命的善待;坏的亲子关系则是"互掐",轻者语言上的威胁与责怪,重者肢体上的殴打与暴力,关系一度紧张,"母不慈,子不孝,家庭一度鸡飞狗跳"。

和谐的亲子关系多来自良好的亲子沟通,亲子冲突、亲子矛盾多因沟通不畅而引起。父母习以为常的沟通方式为"居高临下",即父母高高在上,数落着孩子的不是,说教着孩子的不足;或是"颐指气使",美其名曰"给你一个眼神,你便懂";更有甚者,讽刺、挖苦、幸灾乐祸地一通评价,以解心头之痛。以上不良的沟通方式,让孩子心生抵触,往往不欢而散,亲子关系更加紧张。

多讲爱、少讲理

家庭是温馨的港湾,人生不如意时,往往最先想到的就是父母,最想回的就是家。因为家讲爱。然而，有的情感匮乏家中无爱。家人之间冷若冰霜，或互相"看不见"，没有推心置腹的交谈，没有家长里短的交流。一家人貌似和谐但死气沉沉，同居一室却相距万里，谁也不懂谁，谁也不了解谁。冷漠的情感成了亲子关系的隐形杀手。再者，有些父母只关心孩子行为的对错，他们偏爱听话的孩子，排斥不听话的孩子，这种"不许坏"和"必须好"，十分令人窒息。当孩子想冲破"牢笼"时，父母则讲大道理，一句"你是我生的、我养的，就必须听我的"，让孩子无理可讲。如果这样，情绪感受让位于道理是非，理性关系取代了感性关系，家庭关系则难以为继，家庭幸福更无从谈起。人性始于情感，情感越丰富的孩子，社会性发展就会越好。

多倾听、少说教

现实生活中，父母总喜欢在孩子面前说教，认为"不停地说"可以教化他们。实质上，这仅仅是父母的自我安慰而已，认为说了才尽到了自己的责任，却没有想过效果如何。说教有时是无效的，父母需要少说、多听。首先父母可以让孩子参与头脑风暴想出解决办法，并让其选择最管用的办法。然后让孩子自我修复。实际上，父母常用的说教不但无济于事，反而会让孩子恐惧、焦虑和紧张，增加孩子的心理负担。父母应采用接纳、理解、支持、关爱、尊重、共情、情绪引导等方式，以问句表达好奇，以陈述句表达同情，有效刺激锻炼孩子，从而提高孩子的自控能力。另外，还应经常对孩子表达自己的真实感受，比简单的批评指责更有效。

多鼓励、少指责

当孩子犯错误时，父母或是指责，或以精神歧视、语言暴力，甚至棍棒相加，这会给孩子一个什么样的认知呢？孩子认为自己很坏、无能，或认为不该冒风险，或者以后应把错误掩盖起来……这些都无益于孩子。犯错是人生常态，任何人都不可能不犯错误。对待错误，我们应该选择从错误中学习，专注于问题的解决方案，而不是一味去惩罚犯错误的人，应该在双方都冷静后，帮助孩子探究其产生错误的原因、造成的后果，说说从中学到了什么以及以后怎么做。在确保孩子健康安全的前提下，让孩子体验自己错误行为带来的后果。在与孩子的沟通中，应少指责，多鼓励，既关心又放手。更多的建议，更少的命令，更多的陪伴运动，更少的思想工作。鼓励其正确的思想、正确的行为，让亲子关系充满爱、尊重、信任等积极元素，使家庭更加温馨幸福。

让微笑成为一种习惯

微笑是最美的语言，微笑是最好的社交礼仪，学校、家庭都是能量场，微笑呈现了一个人的生命状态。

这几天在小区里，保洁阿姨都会主动微笑着招呼："老师，早上好！"这看似不经意的一句问候，却使我一天的心情美滋滋。

这让我联想到了教育。

曾几何时，我们的校园里、我们的家庭中好像没有了笑容。超长的在校时间、过重的生活压力、无限的社会责任，几乎把老师、家长们压得"喘不过气"，脸上的笑容自然就消失了。情绪是会传染的，孩子们看着大人板着的面孔、阴云密布的脸庞，又怎能有笑容呢？

微笑是最好的文化熏陶

"蓬生麻中，不扶自直。白沙在涅，与之俱黑。"文化是浸润式的，具有潜移默化的作用。微笑呈现了一个人的生命状态，只有内心阳光，微笑才会洋溢在脸上。内心忧郁的人，即使伪装微笑，也是"皮笑肉不笑"式的强颜欢笑。

每所学校、每个家庭都是一个能量场，每一个生命都在场。在校园中、家庭里，我们既要关注孩子的学习质量，更要关注孩子的生活质量。微笑，一个看似简单的动作，却能传递能量。能让置身其中的人，犹如进入了姹紫嫣红的花园，春意盎然，心情舒畅。推行"微笑文化"，就是要增强老师、孩子、家长的安全感，让他们都有"积极能量"，让每个人的身体、情绪、思想等的能量平衡且运行有力。这样，不但能促进孩子的身心健康，还能传递乐学上进的正能量，促进孩子的综合发展。

微笑是最好的施爱手段

教育的本质是爱，但我们的校园里、家庭中却有很多"冷暴力"。如"你们是我教过的最差的班级""你妈怎么就生了你这样一个没用的孩子""你和你爸爸一样笨"类似讽刺挖苦的"口罚"，时时从师长的口中"砸"向孩子。又如，有的老师整日一副教训人的样子，随时随地不苟言笑，终日一脸冰霜，让孩子心存戒备，敬而远之，等等。试想，受到这些"伤害"的孩子，还有安全感、归属感吗？他们带着心理压力和消极情感，学习就成了痛苦的事情，学校自然也就成了痛苦的场所。

老师和家长的微笑是最有力的工具。老师对孩子的微笑，是师爱的外显，也是一种可贵的教育管理资源。只有老师的爱心、诚心和热心到一定的度，老师才能笑出来。家长对孩子的微笑能表达出最好的爱。在校园和家庭中，我们拒绝"冷暴力"，对孩子多一些微笑，多一点儿赞许。这样，才能缩短与孩子的心理距离，才能走进孩子的心灵，从而赢得孩子的信任与尊重。

微笑是最好的社交礼仪

笑一笑，十年少。微笑是一个人最具魅力的名片，是社交的通行证，是人与人之间交流的一种方式，可以增进友谊，给人以温暖并带来愉悦的心情。在顺境中，可以把微笑当成对成功的嘉奖；在逆境中，可以把微笑当作对创伤的理疗。

学会微笑，主动打招呼，向别人传递善意，传递友爱，传递鼓励，传递信任。当然微笑也能显示自身的素质，也会增加自己的亲和力。赞可夫曾说："儿童对教师给予他们的好感，反应是很灵敏的，他们是会用爱来报答教师的爱的。"所以老师和家长要以身作则，做表率，让微笑成为孩子生活中最灿烂的阳光，让校园、家园变得有"人情味"。

微笑吧，让我们的校园因微笑而美丽，让我们的家园因微笑而多彩，让我们的教育因微笑而有温度。

在服务集体中获得成长

家庭或班级都是一个小集体，引导孩子为班集体服务，树立"人人都是班干部，人人都是服务员"的理念。研究他们发展的可能和需要，设计适合他们的岗位，形成"人人有事干、事事有人干，我为人人、人人为我"的班级文化。引导孩子为家庭服务，自己的事情自己做，家庭的事情义务做，社会的事情帮着做，让孩子承担责任。

孩子在上学时，穿梭于班级与家庭之间，在享受班级带来的幸福、家庭带来的温馨的同时，还应关心班集体、家庭，服务班集体、家庭。

家庭是最基本的社会细胞，是一个小集体。班级是一种组织形式，是一个小社会。雷锋曾说："一滴水只有放进大海里才永远不会干涸。"孩子无论在家里，还是在班上，总是在集体中生活，如若离开了集体这个大海，将一事无成。引导孩子服务集体，不但可以培养孩子发现问题、分析问题、解决问题的能力。锻炼孩子的组织能力，提升孩子的领导力，增加孩子的归属感，还能培养其大局意识、协作精神和服务精神。

让孩子服务班级

孩子是班集体的主体，然而他们对"班级"这个概念，却略显陌生。老师们要通过班会展开讨论，让他们认识班集体，理解班集体，可以联系孩子们学习生活中的小事例，回顾集体生活，让他们感悟集体的温暖与强大，让他们知道每个人都应该为集体奉献自己的一分力量。

实际上，培养孩子的集体意识，引导他们关心班集体，最好的办法是指导他们参与班级管理，也就是给他们"官"当。树立"人人都是班干部，人人都是服务员"的理念,研究每一个孩子发展的可能和需要,设计适合他们的岗位,让合适的人到合适的岗位上,引导他们获得积极自主的发展。如喜欢种植的孩子,可推荐为"植物长";开朗活泼的孩子,可推荐为"课间游戏长",等等。这些职务没有大小、贵贱之分,只要把分内事做好了,就是在为班级做贡献。人人有岗,大部分孩子都会觉得开心、自豪、有成就感,因为他们感觉到"我被看见""我有价值",既在生活实践中满足了孩子的社交需求和成长需求,又满足了他们的尊重需要和自我实现需求,形成了"人人有事干、事事有人干,我为人人、人人为我"的班级文化。

让孩子服务家庭

早上的保安室,可谓琳琅满目,有家长们送来的饭盒、水杯、课本、作业、篮球、足球……问其原因,家长们总以孩子"丢三落四""习惯差"为由将孩子数落一通。我们经常听到有些家长抱怨孩子这也不会,那也不会,就是没有反思以往自己给了孩子多少锻炼的机会,让孩子做了多少事情。家庭是劳动教育的主阵地,是以血缘情感为纽带的生活化教育场所。让孩子服务于家庭,不但可以帮助孩子提升动手操作技能,还可以增强其责任感、自信心以及解决问题的能力。

"双减"背景下,孩子要从繁重的学业负担中解放出来,让家庭教育回归本位、回归生活。服务内容要遵循"自我服务—家务劳动—社会服务"的递进逻辑,设计"自己的事情自己做—家庭的事情义务做—社会的事情帮着做"三个环节,围绕"衣、食、住、行""吃、穿、住、用"等主题,确定"形象有学问、吃饭有讲究、物品常管理、出门要独立、家事我参与、社会我关心"六大类劳动任务,建构渐进式的服务清单。引导孩子参与家庭事务,承担属于自己的责任,这样孩子对家庭才能更有归属感,更有主人翁意识,更有责任心。

孩子的情绪应该被看见

教育从尊重孩子的情绪开始，用耳朵去听、用眼睛去看、用心去感受。先关注孩子的情绪和感受，弄清情感背后的需求，再通过摆事实、讲道理去引导教育。

身处教育内卷时代，沉重的学习压力、复杂的人际交往和父母的高期望等，容易导致孩子被"无用感"包围，出现焦虑情绪，表现为生闷气、尖叫、暴怒、发脾气、摔东西等明显问题行为，也可能表现出咬指甲、抠手等一些隐性的情绪问题。

面对孩子的情绪，老师们习以为常地说教式讲道理，带来的是他们的抵触和防御。这时老师如采取吼叫、责骂、冷暴力等方式来促进管教效果，容易弄得双方不欢而散。在家庭中，父母吐槽孩子时的情绪化可谓见惯不怪了，常用讽刺、挖苦、恐吓、威胁等手段。不但无济于事，反而加重了孩子的恐惧、焦虑和紧张，越闹越凶。

每个人都是有情绪的，这是再正常不过的事情。情绪不好的时候，最容易心烦。当孩子们产生消极情绪时，我们不能去"堵"，迫使他们"没有情绪"；而应去"疏"，先关注孩子的感受，弄清情感背后的需求，再通过摆事实、讲道理去引导教育。

尊重孩子的情绪

每个孩子都是独立的个体，都有自己的喜怒哀乐。人们一旦进入消极情绪，情绪脑就会被激活，而理智脑会被抑制，思维速度变慢且灵活性受限，只能靠愤怒等来行动。我们要接纳孩子的不完美，减少冷言、冷语、冷待，尊重他们的真实感受，相信"只有孩子的感受好了，行为才能更好"。关注他们的态度、情绪，让孩子感到愉快，从而顺应孩子的天性开展教育引导。真正做到教育从尊重孩子的情绪感受开始。

洞察孩子的情绪

孩子有自己的世界，他们的感受远比成人更多彩、更细腻、更丰富，也更加脆弱。怎样才能意识到孩子的所思、所想、所感呢？挖苦讽刺只能发泄一时，肯定不是长久之计。无论教师，还是家长，都以儿童生命高质量发展为愿景，这需要去倾听、洞察孩子的情绪。孩子的情绪会通过他们的言辞、动作等流露出来，我们要以平等的姿态，专心地用耳朵去听、用眼睛去看、用心去感受，在民主和谐的环境中读懂孩子的情绪。

理解孩子的情绪

孩子的行为只是冰山的一角，每个孩子的行为，特别是问题表现的背后，往往都有某种情感需求。当孩子情绪失控后，不要一上来就教训和责备，而是自然地接纳，并表现出理解。师长首先要和善而坚定，然后用一个拥抱或一句"我理解你的感受"表达爱意，进而问一些启发性的问题，与他们共情，让他们觉得父母、老师是他们的"同伙"，是与他们站在一起的；接着，以适当的方式让他们换位思考，唤起同理心，引发思考，让他们知道自己行为产生的后果。

纾解孩子的情绪

苏霍姆林斯基说："在每个孩子心中最隐秘的一角，都有一根独特的琴弦，拨动它就会发出特有的音响，要使孩子的心同我讲的话发生共鸣，我自身就需要同孩子的心弦对准音调。"当孩子们感受到老师、家长对自己的理解、关心和接纳后，才能听进去对方的建议。这样，老师和家长就可以用心灵去影响心灵，用心灵去塑造心灵，顺应孩子的天性和教育规律，陪伴他们成长。

既要"耍"得好，还要"学"得好

让孩子自发地"耍"、积极地"耍"、快乐地"耍"；让孩子自主地"学"、专注地"学"、愉快地"学"。既要让孩子"耍"得好，又要让孩子"学"得好。

研究者做过"把短木棍变长木棍"的实验：他们把四五岁的孩子分成三组，为第一组的孩子提供了足量的短木棍供其玩耍，让第二组的孩子观看实验员如何把短棍子接在一起，而没让第三组的孩子看到木棍。正式实验前均有约10分钟的准备时间，第一组孩子看见这些短棍子，就尝试各种玩法，有将木棍当成"金箍棒"玩弄一番的，有将木棍当成"武器"玩打仗游戏的，也有将其装在一起变成了长棍的……第二组孩子是静静地看，第三组孩子则很不安地待在那里。当实验者发布"拿到稍远处的玩具，但是不能离开固定区域"时，第一组孩子先伸手去抓却无果，沉默一会儿后，想到了刚才玩过的木棍，还尝试着将棍子组合在一起，成功地拿到了远处的玩具。第二组孩子看见身边的木棍，回忆着实验员的做法，试着去摆了几下，有的成功了，但失败的居多。第三组孩子既没有玩木棍，也没有看过实验员操作，他们只能看见一堆木棍"望洋兴叹"不知所措。

从实验中，我们可以得出一个结论：玩耍就是学习，玩耍有时隐藏着学习机会，玩耍是一种独立探索的学习体验。柏拉图曾说："最有效的一种教育是让孩子在有趣的游戏中玩耍。"现实生活中，我们经常看到这样的现象：有些孩子仅仅是上课听讲，课后也不上补习班，学习成绩就是好。爱玩游戏是人类的天性，孩子是通过玩耍来了解世界的，玩可以促学，学离不开玩，会玩耍的孩子才会学习，玩耍得越充分，学习可能越好。

让孩子自发地"耍"、积极地"耍"、快乐地"耍"

玩，是天真烂漫的、无拘无束的，带给孩子无可替代的幸福。家长一是鼓励孩子经常与同伴"玩"，这是一种不带任何目的的"玩"，就是为了玩而玩，不让孩子有负担。不管孩子玩什么，都尽可能地让他们自己组织、自发参与、自主选择。让他们全身心投入地玩耍，体验快乐。二是父母经常带着孩子"玩"，有位科学家的成功与他的父亲有很大的关系，他们一起种菜、养花、做木工活……不仅获得了快乐，还增长了知识，也锻炼了能力，为他成为科学家奠定了基础。三是经常带着孩子在大自然中"玩"，让孩子走出家门、走进自然、走入社会，了解自然之规律，感受人文之情怀。不但会激发好奇心，开阔眼界，而且还学习了人际交往，与社会产生了更多的交集。

玩，是有魔性的。在玩耍中，孩子们相互交流，共同嬉戏，彼此可以增进友谊，锻炼沟通交往、融入集体的能力；在玩耍中，孩子们可能会遇上一些小矛盾，正好可以锻炼他们礼貌待人、解决问题的能力；在玩耍中受启发而想象力"爆棚"，因相互碰撞而动力十足，正好可以锻炼孩子的创造能力，让他们创造属于自己的世界……在玩耍中，孩子可以获得存在感；在玩耍中，孩子可以获得力量感；在玩耍中，孩子也可以排解自己的负面情绪。

当然，玩也是安全第一。有时孩子的玩带有随机性或猎奇性。越危险的地方，越能勾起他们的好奇。我们要引导孩子安全地玩耍。

让孩子自主地"学"、专注地"学"、愉快地"学"

学习，兴趣是起点，方法是关键，习惯是终点。学习是孩子自己的事情，作为老师、家长，要让孩子做自己力所能及的事情，应以儿童为中心、以儿童兴趣为主，把学习的自主权、选择权交给孩子，为他们搭设一条个性化的学习通道。

一是点激情，激发孩子学习的热情。没有兴趣，就不会产生动力，也不会产生意志。我们应通过情境创设、着眼于"最近发展区"等方法，想方设法唤醒孩子对知识的渴望与喜爱，调动其兴趣，激发其潜能。二是教方法，传授获取知识的方法。我们要靶向孩子的需求、动机、学习规律等，通过提供"工具箱、资源包、脚手架"等教学工具，运用"独学、互学、群学"等学习方式，让孩子通过观察、对比、思考、探究、创新等方式，培养他们的专注力与学习力，让孩子学会学习的方法，并熟练运用所学方法。三是养习惯，让孩子养成独立学习的习惯。"天下大事必作于细，天下难事必作于易。"我们应从"大处着眼，小处着手"，从细节开始，在一举一动、一言一行中逐步培养孩子。如坐的姿势、读书的姿势、写字的姿势、用草稿纸的习惯、整理复习的习惯等。

学习时，还应注重劳逸结合。过度劳累所导致的学习效果是很差的。学习与锻炼并不矛盾，合理地安排学习、劳动、课间活动和休息的时间，能调节孩子的大脑，提高学习效率。我们应引导孩子合理区分"玩"和"学"，该"玩"时开心"玩"，该"学"时专心"学"。

玩耍并不是浪费时间，而是让孩子变得更优秀的一种方式。现在的孩子，由于学习任务过重，学习压力过大，没有时间玩耍，没有时间交流，自娱自乐，不太利于孩子的健康成长。孩子天性爱玩，我们要把"学""玩""用"结合起来，充分发挥游戏的力量，让孩子在玩的过程中锻炼头脑，灵活思维。

读书学习从晨读开始

一日之计在于晨。引导孩子爱读书、多读书、读好书、善读书，从晨读开始。把背"直起来"、书"立起来"、眼睛"盯住字"、声音"放出来"，在反复对书吟诵、咀嚼中，生命得以舒展，灵魂得以升华。

读书，其意为"阅读书籍，诵读书籍"。"阅"为形声字，像在门里清点东西，在"阅读"一词中为"看"之义。"读"也为形声字，《说文》中解释为"读，诵书也"。"看"用眼，"诵"用嘴，先"眼"后"嘴"，才能把书读好。

"一日之计在于晨"，早晨是人一天中头脑最清醒、精力最旺盛、记忆力最强的时候，是养成阅读习惯的最佳时间。

晨间对文字的反复吟诵，让孩子的生命在每天的第一时间得以舒展，灵魂得以升华。在潜移默化中感受文化的浸润，让优秀文化流淌在生命的血液里，转化为自己高雅的审美和丰厚的文化底蕴。

晨读功效有五：

一是有利于右脑的开发。晨读不但会把文字变成声音，还伴之以节奏、韵律、情感，这会让人进入一种美的体验，进而很好地开发和训练右脑。

二是性格可以变得开朗。当孩子能把自己的勇气、力量、感情都读出来时，性格逐渐会变得外向。

三是激活脑神经。坚持诵读，大脑就会变得灵敏好用，记忆力、注意力等学习能力就能得到提高。

四是阅读理解能力得以提升。"书读百遍，其义自见"，通过用嘴来读、用脑思考、用心感受，形成良好的语感，提高孩子的阅读理解能力。

五是提高个人写作能力。大声读经典文章是一个高效的学习过程，大声朗读和背诵可以把自身情绪充分调动起来，那些名篇佳作的音韵美、节奏美、气势美，只有在诵读中才能真正感受到。而那些文章的起、承、转、合，也会在诵读中深刻体会。

朱熹在《童蒙须知》中提出："凡读书，须整顿几案，令洁净端正。将书册整齐顿放，正身体对书册，详缓看字，仔细分明。读之，须要读得字字响亮，不可误一字，不可少一字，不可多一字，不可倒一字。不可牵强暗记，只是要多诵遍数，自然上口，久远不忘。"朱子不仅对诵读时的形体提出了要求，而且还揭示了诵读的要点。

指导孩子诵读，应做到四点。

背"直起来"——挺直背，一是预防驼背，二是预防近视，三是利于气息运用，使得"中气"十足。

书"立起来"——竖立书本，一为挺直腰杆，二为喉咙正常舒展，三为眼睛能平视文字，便于朗读。

眼睛"盯住字"——眼随嘴走，集中注意力，不读"望天书"，不加字、调字、漏字。

声音"放出来"——大声读书，一则可以用声音媒介增强刺激，加强记忆；二则容易产生情感共振，感受理解文本；三则可以增强自信，培养健康人格心理。

读书是一种精神、一种力量。在家中，可以让孩子与父母同一时间起床，父母亲准备早餐，孩子专心致志地读书十分钟。在学校，老师们要用好晨读的二十分钟，师生一起读，既有利于提高孩子的学业成绩，又有助于提升孩子的理解及表达能力，培养积极向上的乐观生活态度和宽容的品质。

在倡导"全民阅读"的今天，从晨读开始，让阅读融入孩子的日常生活，引导孩子爱读书、多读书、读好书、善读书。

学会安全游泳

> 游泳是一项生存技能，也是一项强身运动，更是一项危险运动，将学游泳与防溺水相结合，学会安全游泳。让孩子从"旱鸭子"变成"水鸭子"，让游泳成为人生的必修课。

当下，溺水是中小学学生非正常死亡的第一大杀手，溺水事故屡有发生。这与孩子不会安全游泳大有关联。一因，不少孩子为了解暑，贸然下水，但因不谙水性而发生悲剧；二因，认为自己会游泳，便忘乎所以，或放松警惕，或盲目施救，从而导致溺水。

为尽最大努力减少孩子溺水事件发生，切实保障孩子的生命安全，每年各部委都要印发通知，部署防溺水工作。有些地区、学校在防溺水教育中，形式大于内容，制定了"七不准""十不准"，一味地强调"堵"，而没有合理去"导"，造成防溺水工作收效甚微，中小学溺亡人数一直居高不下。据报道，上海、广东、陕西、江苏等地已经意识到中小学发展游泳技能培训的重要性和必要性，把学游泳与防溺水相结合，开展普及性的"学会安全游泳"项目，引导孩子全面学会应对各种紧急情况，了解熟悉各种水域的特点等。

作为学生的老师、家长，我们应提高对游泳的认识，让游泳成为孩子人生中的必修课。

游泳是一项生存技能

游泳作为一项基本生存技能，"每个孩子都要学会游泳"成为学校工作、家庭教育的一大重心。熟练掌握游泳技能，当危险来临时，无疑为生命安全多设置了一条保险带，也可大大减少溺水事故的发生。

游泳是一项强身运动

游泳能有效促进孩子大脑和神经系统的发育，有助大脑生长。经常游泳能增大对骨骼的压力，刺激孩子骨骼增长，帮助孩子长高。游泳使孩子的运动量增大，体力消耗大，胃肠的蠕动增加，使孩子的食欲增加，并加强对营养的吸收，加快孩子的生长速度。游泳时，肺活量增加，游泳使孩子全身肌肉的耗氧增加，能有效促进血液的循环，提高孩子的心脏功能。游泳还可以改善睡眠质量，培养抗压能力，让孩子练就强健的体魄，磨炼坚毅的意志。

游泳是一项危险运动

即便学会了游泳技能，但"下水"仍然需要特别谨慎。游泳时可能会因腿部抽筋、身体疲劳等诸多因素酿成事故。应教育孩子在家长的陪护下游泳，且要选择正规的泳池、佩戴专业设备、做好热身准备、懂得安全自救等。如若发现有人溺水，切不可盲目施救，应报警求助或将救生圈等抛给溺水者等。

针对游泳的重要性、紧迫性、安全性，家长每周可以在固定时间带孩子去游泳馆学习技能、强身健体；学校应开设游泳课程，通过举办游泳比赛、急救知识培训等途径，提升学生游泳技能。家校协作，让孩子在人生搏击中练就本领，迎接各种挑战。

让孩子随兴而歌且人人会一门乐器

班班有歌声，人人开口唱，个个会乐器。

音乐是人类心灵迸发的语言，这一串串跳动的音符即是灵魂的演奏，在宣泄自己情感的同时，让人产生无限的遐思。无论是古典的精致，民谣的细腻，抑或是摇滚的狂热，这迷人的声音，时而高亢，时而低落，时而欢快，时而宁静，都让人欲罢不能。那动人的旋律，或喜或悲，或哀或乐，让人产生共鸣。

越来越多的研究表明，音乐能广泛促进人的幸福感和心理健康。随兴歌唱不但利于体内污浊空气的排出，促进新陈代谢，还能舒缓心情、宣泄情绪、陶冶情操。从这个意义上讲，随兴而唱的人，心理会更健康。

小孩子率性天真，情绪表现比较外露，不善于掩饰。高兴时心花怒放、又蹦又跳；沮丧时愁眉苦脸、又哭又闹，他们的喜怒哀愁几乎是写在脸上、表现在行动上的。周围人可以从悠扬的歌声中、爽朗的笑声中、翩翩的舞姿中看到孩子的心理状态。

一支节奏明快、内容欢愉的歌曲，能让人一扫萎靡，顿时精神抖擞。课前一支歌，能让孩子们在唱歌的过程中把自己的精气神提起来，以最饱满的热情和最投入的状态去学习。上课前，选用孩子喜爱的一两首歌曲，以合唱的形式演绎，既可以促进积极向上、团结友爱的班风，又能使孩子获取快乐的情感体验，有利于培养孩子的注意力。教师在组织时，一定要求学生"站起来""动起来""唱出来"。站着唱歌，不仅让人感到舒畅，且能让声音更洪亮一些。唱歌时，情感会支配肢体，有助于孩子的大脑与身体运动的协调发展。唱出来，是一种自信的表现。唱得好不好不重要，关键在于敢唱。当然，唱出来的同时，音准、节奏也正确，则更好。在家里，要营造轻松自然的氛围，只要孩子愿意，在不影响别人的情况下，可以随时、随地、随口唱。

《义务教育艺术课程标准（2022年版）》要求在3～5年级能选择合适的课堂乐器进行演奏或为歌（乐）曲伴奏。演奏乐器，是一个非常复杂的心智和肢体能力整合的过程，既能提升感性素质，又能提升听知觉的组织能力、想象能力，还可以提升人的注意分配能力和肢体控制反应与协调配合能力。

每个人都会一门乐器，既可以是木琴等打击乐器，也可以是吉他、琵琶等弦乐器，还可以是短笛、单簧管等管乐器。当然，学习民族乐器也是可以的。音乐教师要在有限的课堂教学中，教授演奏技术。家庭中，家长也要允许并鼓励孩子"勤练"。学校要搭建"常赛"的舞台，经常组织乐器展演，力争让每个孩子都能自信地拿起乐器上台演奏一曲。这样，家庭学校每天都会响起丝竹之声，人人浸染其中，乐享雅韵。

音乐是让孩子受益一生的朋友，随心而发的歌声是孩子情感的释放，在班班有歌声、人人开口唱、个个会乐器的实践中，用音乐照亮孩子的心，让音乐伴随孩子的一生。

用审美的眼光看待世界

人与人不同，花有几样红；事与事有别，草有千般样。用审美的眼光看待世界，让世上的一切事物都变得美好。

两个女孩在玫瑰园中玩，当母亲问及感受时，一人回答"烦死了，全是刺"，而另一人则回答"太好了，花太美了"。这是两种截然不同的感受。当我们用豁达的心态看待世界时，世上的一切事物都是美好的；当我们用狭隘的眼光看世界时，这个世界则是丑陋的。

大千世界总有一些存在，能让人耳目一新，关键在于我们从什么角度去看待事物。"横看成岭侧成峰，远近高低各不同"，是立足点、立场的不同；"黑云压城城欲摧，甲光向日金鳞开"，则是心境的不同……罗丹曾说："世界上并不缺少美，而是缺少发现美的眼睛。"世界上最可怕的事情，莫过于有眼睛却发现不了美，有耳朵却不会聆听，有心灵却无法理解什么是真。人与人不同，花有几样红；事与事有别，草有千般样。只有懂得欣赏，我们才会更幸福。

各美其美

世上不可能有两片相同的树叶，也不可能有两个相同的人。每个孩子都是独一无二的，也是不完美的，各有其优缺点。阿德勒提出"人生来就自卑"，或因身体缺陷，或因发育偏慢，或因缺乏成功体验，或因其他，让孩子陷入了无尽的自责中，导致孩子软弱胆怯、自信不足、敏感多疑。加之同伴的嘲笑、捉弄、欺负，则让他们难过加倍。作为老师或父母，我们首先应无条件地接纳孩子，进而读懂孩子，以及读懂孩子行为背后的信念。要给孩子更多的爱，以乐观的情绪、正确的方法引导孩子正视缺陷，鼓励他们勇于接纳不完美的自己，并敢于坚持做真正的自己。要放大孩子的优点，多鼓励、赞美孩子，让他们发现自己的优势，学会欣赏自己、肯定自己，认识到自己的价值。

美人之美

懂得欣赏别人，才能更多地发现别人的优点，从他们身上汲取提升自己的能量，从而弥补自己的不足，促使自己不断完善。欣赏别人，要有真情、用真心，放下傲慢与偏见，多为别人喝彩；欣赏别人，要与人为善，做到理解、尊重、宽容、帮助他人，多换位思考，多替别人着想；欣赏别人，应多成人之美，"赠人玫瑰，手有余香"，成全别人的同时，也成就了自己。千万不可因学习成绩好等而产生优越感，恃宠而骄。

美美与共

美具有多样性，也就是说，美的样式不是唯一的，而是多样的；美不是单调的，而是丰富的；美不是固定不变的，而是发展变化的；美不是绝对的，而是相对的。生物也是如此，它是一个复杂的网。正因多样，世界才如此美丽。人与人之间的不同，每个人的不完美，带给人类社会的多样性。"一花独放不是春，百花齐放香满园。"我们要尊重多样性，多自律，多欣赏，多包容。这是一种教养，还是一门终身课程，给人带来心灵的归属感。引导孩子接受世界的多样性，理解文化的多元性，尊重个体的独特性，培养一双发现美的慧眼，一个善于思考的头脑，一种平凡中见神奇的思维方式，这样才能美美与共，天下大同。

劳动教育始于小处

> 劳动教育从点点滴滴的小事抓起，从生活中的琐事抓起。家长、教师齐心协力，要求孩子自己的书包自己背、自己的东西自己拿、自己的事情自己做，劳动教育始于小处。

从 2022 年秋季新学期开始，劳动课成为每所中小学的必修课。这让我们想到一个有趣且普遍的现象：每天早入学或晚放学，留心一下小学校门口的"接送大军"，孩子们的书包几乎都是家长背着的，一排接一排，颇为壮观。书包到底该谁背呢？曾询问过部分家长，得到的答案多是"书包太重了，孩子年龄又小，家长背会减轻孩子的负担"。事实是 2020 年 3 月，中共中央、国务院在《关于全面加强新时代大中小学劳动教育的意见》中指出："小学低年级要注重围绕劳动意识的启蒙，让学生学习日常生活自理，感知劳动乐趣，知道人人都要劳动。"小学低年级是各种行为习惯养成的关键期，孩子的教育必须从点点滴滴的小事抓起，从生活中的琐事抓起，促使孩子行为习惯的养成。自己背书包是培养孩子自己的事情自己做意识的开始，更是培养孩子责任感的有效途径。

人是具有社会属性的，孩子最终是要进入社会的。我们应该让家庭、学校成为孩子进入社会前的"演习场"，家长、教师应该成为孩子进入社会的引路人，而不是"绊脚石"。家长、教师齐心协力，从小处开始对孩子进行劳动教育。

一是适度放手。作为家长，应该熟知儿童的身心发展规律，深学笃用教育规律与原理，明白大包大揽、包办代替会适得其反。家长要学会放手，该管则管、该放则放，二者结合。在"管"的过程中，从"一线"隐退到"二线"，多一点引导，少一点控制。在"放"的过程中，相信孩子，先扶后放，多一些观察，少一些干预。

二是家庭成员齐行动。在教育中，家庭成员的教育要求不一致时常存在，主要表现在家里有的要管、有的要放，有的要严、有的要宽，这会让孩子从中"钻空子"。在一方受了管教就跑到另一方去诉苦，在一方受了罚就跑到另一方去讨爱。劳动教育也是如此。家长应统一口径，针对孩子的日常表现，分阶段制定教育方案，求同存异，在孩子面前保持充分一致。

三是家校配合抓反复。培养劳动习惯不是一蹴而就的，习惯的养成是一个从被动到主动再到自动的过程。反复是习惯之母，好习惯的养成需要多次反复。在日常生活中，制定完善可行的计划，通过行为反复训练来培养孩子良好的习惯。在训练中，需要家校的配合，只有师生家长同心、同向、同行，才能培养孩子独立自主的能力，提升孩子的劳动意识。

播种一种行为，收获一种习惯。劳动教育需要循序渐进，才能培养孩子热爱劳动的好习惯。

载于《教师报》（2022 年 8 月），有改动

自觉阅读

一个喜欢阅读的孩子，成绩差不到哪里去。我们要提高认识、营造氛围、培养兴趣，让孩子自觉阅读。

有这样一个实验：科学家把一批同龄且智商相当的孩子分成两组，一组看《白雪公主和七个小矮人》的图书，另一组看《白雪公主和七个小矮人》的动画片，然后让两组孩子分别用手中的画笔画出心目中白雪公主的样子。得到的结果却千差万别，看图书的孩子们根据自己的想象，赋予白雪公主不同的形象、装束和表情；而看动画片的孩子们，则因为看到的白雪公主都是一样的，画出来的也几乎一模一样。过了些天，科学家又让这两组孩子再画白雪公主，看图书的孩子又在图片中进一步加入了自己的想象，而看动画片的孩子，画的和上次还是一样的。这个实验说明：动画片把故事中的人物形象模式化了，大大限制了孩子想象力的发展，而看图书则可以丰富孩子的想象力。

现在的孩子生活在物质极大丰富的时代，身边从不缺电视、平板、手机，每天几乎都是在动画片、短视频、游戏中度过。这些东西束缚了孩子的思想，一定程度上阻碍了孩子的发展。我们应引导孩子多阅读，鼓励他们爱读书、读好书、善读书。

许多研究表明，犹太人的成就与他们崇尚读书的习惯息息相关。他们的家中可以没有高档家具，但不能没有书橱或书架，而且一定要放在床头，因为他们视书为圣洁之物，若放错位，会受到指责。小孩子满周岁"抓周"时，人们常常会摆放很多物品，抓到什么，就寓意孩子将来会成为什么样的人。而犹太民族则不一样，当小孩稍微懂事时，大人就会翻开一本《圣经》，滴一点蜂蜜在上面，让小孩子去舔。这种做法的用意不言而喻：书本是甜的。

在 2023 年 4 月召开的第二届全民阅读大会上，中国新闻出版研究院发布第二十次全国国民阅读调查结果：2022 年我国 0 ~ 17 周岁未成年人的图书阅读率为 84.2%，未成年人的人均图书阅读量为 11.14 本。与发达国家相比，还有很长一段距离。自 2014 年以来，"全民阅读"已经连续十年被写入政府工作报告。党的二十大报告更是明确提出要"持续深化全民阅读活动"，将全民阅读工作推向了新的征程。培养孩子的阅读习惯，在小学，我们怎么办？

1. 提高认识

书，是人类文明的结晶。读书，是一种享受，是生活的重要组成部分。多读书，不但可以增加自己的书卷气，还可以神交古今有思想的人、构建自我，也可以探秘无数的新事物、扩大视野，还可以更加清楚地认识自我、发现自我。

重视孩子的阅读，从功利的角度讲，更是对"语文为王""得语文者得天下"时代的有力回应。阅读能力不强的孩子，语文、英语、数学或是其他学科，题目内容都难读懂，更不用说去理解和答题了。从更深一点的层面讲，青少年阅读则关乎民族和国家的未来，所以必须从时代的高度、整体的格局、历史与未来的视野等方面进行系统的战略规划。

教师要转变课外阅读影响学习成绩的观念，树立素质教育观，开展丰富有趣的活动，积极引导孩子开展课外阅读。为孩子核心素养提升打下坚实基础。家长要加强阅读示范引领，积极开展亲子阅读。

2. 营造氛围

对孩子来说，氛围的熏陶是非常重要的。想要培养孩子良好的阅读习惯，就必须营造良好的阅读氛围。一是为孩子设置一个安静独立的阅读空间，如书房、书桌、图书角等；二是班级或家中要有一定的藏书，孩子目光所及之处最好看见书籍的影子，如沙发、茶几、课桌抽屉中等位置；三是老师、父母要以身作则，闲暇之余少刷短视频、少打游戏，多看看书，无聊之时少跑商场、少去酒馆，多去逛逛书店，多开展师生共读、父母与孩子共读活动；四是节假日多带孩子去图书馆、书店。孩子生日时，把书籍作为礼物送给孩子，多与孩子共读一本书，互相交流读后感。

3. 培养兴趣

兴趣是人特有的心理倾向，是一种内在的力量。要想培养孩子良好的阅读习惯，需激发孩子的读书兴趣。让读书成为自觉，还需激励孩子。虽不设硬性指标，不以考试、"打卡接龙"等方式检验读书数量和效果，但教师要创新检查读书效果的举措，如举行读书分享会，利用每天的晨读课分享读书收获；举办主题诵读或演讲辩论赛；开展读书手抄报评比等。在家中，父母要多和孩子一起玩成语接龙、故事接龙等游戏，抽时间读书给孩子听，为孩子在社区或其他的图书馆办理借书证，带着孩子多参加与阅读相关的集体活动，等等。

4. 注重方法

培根曾说："有些书可浅尝辄止，有些书可囫囵吞枣，但有少量书则须细细咀嚼，慢慢消化。"在加强孩子的阅读实践时，应培养孩子用心、认真、细致的阅读习惯；应在浩如烟海的书中，根据时代的需要和"课标"的要求，针对不同年龄段列出阅读的清单；应要求孩子在大致规定的时间内完成一定量的阅读内容；也应把阅读中的点滴体会用读书卡的方式记录下来；还应要求孩子一边读、一边标记、一边品味，用一些自己喜欢的符号，圈点勾画，提高孩子的鉴赏能力、阅读能力和写作能力。

养成预习的习惯真的很重要

> 预习是整个学习过程中的重要一环，我们要转变观念、明确预习流程、及时评价反馈。增强对新知识的理解能力。

《礼记·中庸》中的"凡事预则立，不预则废"道出了计划准备的重要性。预习是指孩子事先自学老师将要讲授的功课，这有利于孩子独立思考问题，培养孩子自主学习的能力。还有利于教师掌握学情，并据此来选择合宜的教学内容。更有利于提高课堂效率。

据观察发现，近66%的孩子不会主动预习下一堂课所要学习的知识，26%的孩子会在教师的布置下进行预习，仅有8%的孩子有课前预习的习惯。究其原因，一是孩子对预习的认识不够充分，主动偏少，被动偏多，且随意性较强；二是家长疏于监管，只问"做没做"，不问"做得怎样"，导致孩子的预习如"浮光掠影"，甚至"形同虚设"；三是教师，这是最关键的因素，受传统"讲授"教学方式的影响，一些教师对预习的认识不足，认为孩子预习的程度不一，反倒不知讲什么，也担心孩子自学后，课堂上不专心，从而敷衍预习或干脆不安排孩子做预习。

孩子是独立的个体，其独立性在于自主的意识，教师应尊重孩子个性的发展。在"双新""双减"背景下，培养孩子的独立性、自主性，需要转变孩子的学习方式，而预习是其中最重要的方式之一，只能加强，不能削弱。

一、转变教学观念

学习永远是孩子自己的事情，教师仅仅是引导者、支持者、激励者，不能越俎代庖。这需要教师解放思想、转变观念，以孩子的视角重构课堂，建立新型的教与学的关系。把预习视为孩子独立的学习任务，把课堂当作对独立学习效果的检测与提升。

二、明确预习流程

孩子刚开始是不太会预习的，需要教师上预习指导课，带着孩子一起预习，教给他们预习的方法，采取由扶到放的方式，逐步培养孩子预习的兴趣，培养预习的习惯。预习的步骤一般为"读、标、注、查、问"这五个字。"读"，把教材内容通读几遍，动手画、圈出知识要点，了解主要内容。"标"，精读难点内容，选择自己感兴趣的知识点进行探究，标出疑问处、不懂处。"注"，在相关内容旁边批注自己的所思、所想、所感。"查"，借助工具书、互联网或咨询家长，查阅相关背景材料或知识。"问"，在难点处、困惑处、关键处，提出自己的问题。

三、及时评价反馈

科学的评价能调动孩子的学习主动性。教师应及时对孩子的预习情况进行检查反馈，并给予一定的肯定性评价，让孩子获得心理上的满足。一是让同学之间相互评价，课前的相互检查，可以让孩子发现自己的错误，也可以学习其他同学的预习方法。二是教师认真检查预习情况，表扬预习到位的孩子，对孩子们提出的有意义的问题及时解答。这样，不但可以及早发现问题，授课内容从孩子中来，再回到孩子中去，减少教学中的无意义消耗，增强教学的针对性，收到用时少而效率高的效果。也可以培养孩子的问题意识，激发孩子提出问题、解决问题的动力。

培养孩子整理的习惯

整理是一种习惯，也是一门艺术。引导孩子整理自己的物品，让生活按秩序运行，让孩子领略生活的美好。

一座美丽的花园，到处郁郁葱葱、花开四季。若不常剪修，不久便会杂草丛生，日渐荒芜。生活亦是如此。若不经常整理，家里屋外也会乱成一团，让人徒生烦恼。

在我们成长的花絮中，或在养育孩子的相册里，这些场景时常上演：早晨出门，红领巾不见了，公交卡也不翼而飞，书包翻个遍，满屋找，却始终无果。急得团团转，还边找边发脾气，进而引发家庭大战。一般上午的保安室，人流如织，热闹非凡，排着长龙打电话，要求家长送东西到学校来；课桌的抽屉，各种书本用具横七竖八堆在一起；学校的"失物招领"处，各种物品堆积如山，无人认领；上午还比较整洁的教室，到了下午让人不忍多看，课桌歪歪扭扭的，书包任意乱"躺"，清洁工具到处都是。从这些现象中，我们可以窥见整理的意义，它不仅是一项重要的劳动能力，还能让自己的生活有序运行，进而领略生活的美好。

所谓心由境生，当我们把看得见的东西整理得井井有条时，内心便不会轻易乱。整理既是一种习惯，又是一种态度，是有序做事的前提，能帮助我们生活得更加便捷、舒适。整理还是一种思路、一门艺术，是成功与否的重要因素。让孩子从小养成整理收纳的习惯，让孩子自控、自制、自省，不但可以提高他们生活自理的能力，更能培养孩子独立的个性，促进他们的健康发展。

整理自己的思路

"吾日三省吾身：为人谋而不忠乎？与朋友交而不信乎？传不习乎？"孩子的一天要学很多知识，经历事情，与同伴交往等。这些人也好、事也罢，都呈点状散布在孩子大脑的各个地方，找到它们之间的联系，打通壁垒，搭设桥梁，形成体系。可以引导孩子整理一天所学的知识，"忆"——回忆当天学习的主要内容；"类"——把当天的内容分科目进行归纳整理；"记"——边整理课堂笔记，边记边背。可以引导孩子总结一天的成败，学到了哪些有用的方法？让孩子在埋头拉车的时候抬头看路，让一味奔跑的孩子不离正确的方向，审视自己的生活，明白自己的得失。

整理自己的情绪

情绪是灵魂的语言，是一个人内心世界的真实显现。激动、失望、高兴、沮丧、自豪、自卑等一些词语，都以各种各样的方式储存在我们的情绪库中。这个库就像自己的房间，需要每天收拾打理，弹去灰尘，抚平褶皱。我们要引导孩子做情绪的主人，表达情绪应释放合理，转化情绪需调整纾解。如若深陷一些不称心的事，不能自拔，生活则晦涩无光。应引导孩子懂得断舍离，即便没有月亮，心中也要一片皎洁；即使看到的尽是荒凉，心中也有一个花圃。只有乐观面对，生活才更加从容，更加丰盈。

整理自己的物品

"明窗净几，有坐卧之安"，我们无时无刻不受外部环境的影响。满目狼藉，多少会心烦意乱。处处干净整洁，自然会心生愉悦。环境优美，换来的不仅是居住的舒适，更是内心的满足。清扫垃圾，也是清理内心的冗杂。所谓"一屋不扫何以扫天下"，引导孩子养成收纳整理的习惯至关重要。跟着蝴蝶走，遍地是花香。师长首先要以身作则，躬亲示范，营造干净、舒适、安逸的生活学习环境。其次，应为孩子制作两张整理清单，一张为学校清单，另一张为家庭清单，让孩子每天对照一项项检查，养成清单式管理自己的习惯，以免因丢三落四而造成无尽的烦恼。

整理习惯的养成，不是一蹴而就的，需要师长耐心地对待孩子。学校，每天下午可以安排 10 分钟的暮省；家庭，可以利用每天晚上上床睡觉前的 10 分钟，让孩子定时反思。学校可以通过评选"整理小达人"等方式，设计"由扶到放"的整理课程，逐步从"抱着走"到"牵着走"再到"自己走"，让孩子懂自律，善规划。养成自主的良好习惯。

教书育人在细微处

教育无大事，全融在生活的细节里。把身边的小事做好，养成良好的习惯，教育也就成功了一大半。

　　春节后履新。开学的第一天，我满怀欣喜地站在校门口迎接返校的孩子，向他们挥动着双手，口中不停地说着："同学们，早上好！"但我的这一番"自作多情"并没有收到多少回应，有的孩子瞅都不瞅我一眼，径直朝校园内跑去，有的孩子愁眉苦脸的……让我陷入了沉思。下午放学，站在校门口送孩子出校，听到家长三三两两地嘀咕着什么，好奇地凑过身去，听见的多是数落孩子的言语，什么袜子不洗，什么早上起床比要他命还难，等等。恰在这时孩子出来了，家长三步并作两步地跨向前，急忙将孩子肩上的书包取下来背在自己的肩上……这又让我陷入沉思。

　　接下来的一周，我左思右想：我们的孩子怎么了？我们的教育怎么了？形成的原因是什么？教育点在哪里？"功夫不负有心人"，终于在顾明远老先生的四句箴言中找到了答案——"教书育人在细微处"。是呀！教育在细节，越小的事儿我们越应该花大力气去抓，然而我们的教育中"假大空"的、形式的东西太多了，很多事情仅仅"挂在墙上、写在纸上、讲在嘴上"，而没有真真正正地落实到行动上。

　　于是，我立即组织相关人员查资料、问"百度"、询专家……制定各年龄段孩子行为习惯的养成训练目标。一通忙乎后，自己背书包、上下楼梯靠右行、见到大家微笑问好、观看演出后主动鼓掌等240件"小事"被扒拉了出来。我们再根据孩子的年龄特点，以学期为单位开展20件"小事"的专项训练，组合成了"20×12周小事"课程体系。每周以养成训练点为内容，以集体班会为载体，全神贯注聚焦一项，扎实地开展行为训练，培养孩子们的良好习惯。

周一的校会上，孩子们或以戏剧、小品、演讲、相声等形式，演绎着发生在身边的小事，讲述着"小事情"产生的"大能量"。用身边事教育身边的人。会末，大队部还向全校发出本周"周小事"的倡议。

周二是集体班会，孩子们以年级为单位，纷纷走进报告厅，聚坐在一起，聆听班主任轮流准备的"周小事"班会课。时而情境体验、时而师生互动、时而角色扮演……孩子们在欢笑声中上了难忘的一课。

周五的评比表彰是孩子们最为期待的。各班小干部随时随地观察同学们的表现，并及时利用智慧软件进行记录，既有数字的输入，又有行为的描述，这一来二去间，"身边的榜样"产生了。每周五，这些"榜样"会在动感的颁奖乐中，欢快地走上讲台，讲述动人而又真实的故事，接过表示鼓励的奖状。

教育全融在细节中。一个人习惯的好坏，决定着自己将成为什么样的人。孩子良好的行为习惯不是一朝一夕就能形成的，而是通过身边的一件件小事，长期熏陶才形成的。在家中，可以从整理房间、自己洗衣等做起；在学校，可以从主动捡垃圾、整理自己的书柜等开始。

通过开学后十来天的训练，孩子们灿烂的微笑重回稚嫩的脸庞，小书包又回到了自己的肩上……看到我喊："丁校长好！"

"周小事"是习惯培养的抓手，更是孩子们成长的路径，有意义的事情会一直进行下去……

载于《德育报》（2022年6月），有改动

激发孩子的内驱力

"浇花要浇根，育人要育心。"让每一个孩子都"被看见"，让每一个孩子都"被尊重"，让每一个孩子都"被激励"，抓住孩子的心，激发孩子的内驱力。

在小学，各种纸质的、电子的测查每学期都有，如音体美学科的素养测查、学习力的评测、语数外考试等。只要是考试评价，多多少少都会触及师生的切身利益。有什么样的评价，就有什么样的行动。为了提高孩子的学业成绩，教师挤时间、抓紧点，这也是无可厚非的常态。

但，我们的抓，不能盲目，更不能蛮干，而要充分尊重孩子的身心发展规律，运用教育教学理论科学地抓、有效地抓。

事物的发展是内因和外因共同作用的结果，内因是根本，外因是外部条件，外因通过内因起作用。依据耶克斯—多德森定律，我们知道学生学习成绩与学习动机密切相关。俗话说"浇花要浇根，育人要育心"，要提高孩子的学业成绩，最主要是抓住孩子的心，也就是要激发孩子的内驱力。

小孩子处于幼稚的童年时期，以具体、形象思维为主，对所有事物的认识都处于好奇或感观状态。虽有远大理想，如"长大了当科学家"等，但几乎都停留在口头上。学习兴趣不稳定，学习动机也不明确，特别是内部的学习动机还处于薄弱阶段，很可能会被困难所打消，也容易被其他外部诱因所击退。因此，外在的学习动机居主导地位，学习的动力多数来源于对眼前的、具体的事物的期待。

让每一个孩子都"被看见"

罗森达尔效应认为，教师对孩子不同的期望会使孩子产生不同的学习行为。我们应以目标为导向，开展目标教育，通过思想教育、主题班会、外出参观等形式，引导孩子树立远大且具有社会意义的学习目标。但凡事过犹不及，目标应切实，动机才适当，若动机太强，则会压力过大，焦虑过高，会适得其反。日常工作中，受关注的多是优生或差生，平均分左右的孩子常常被遗忘。我们应改变单一的评价方式，关注孩子目标的达成度，及时反馈成绩，用发展的眼光看待孩子，让其看到自己的点滴进步，使孩子增加自我效能感。同时也要包容孩子的缺点，建立安全感和归属感，让孩子敢说、敢想、敢做，让孩子要学、乐学、好学。

让每一个孩子都"被尊重"

有研究表明，因男女生发育期的差异，女生在学习中通常会表现出更积极的学习动机。还有研究表明，不同文化程度的父母对子女的教养方式、态度以及对孩子学习的经验性影响是不同的，与孩子的学习动机存在递增关系。我们要尊重孩子的人格等，依性而教，顺性而导。尊重孩子的学习兴趣，培养孩子的自主学习意识，引导他们自己发现问题、讨论解决问题的方案并得出结论。帮助孩子进行成败归因，引导孩子了解成败的真正原因，减少孩子的自卑感。引导孩子建立并维护良好的人际关系，提高社会交往能力，帮助孩子成长为积极乐观、阳光向上的人。

让每一个孩子都"被激励"

小孩子自身的认知水平有限，多数无法认清自己的学习目标，学习动机很容易因周围环境条件的变化而产生变化。我们应根据马斯洛需求层次理论，以期望、竞争、奖惩等措施，导向孩子的个体行为，让其"跳一跳能摘到苹果"，提高孩子积极的学习动机，让孩子主动地探索发现，不断地实现学习目标，激发内驱力，以鼓励获得成就感，增加学习自信，体验成功的快乐。

合作伙伴般的家校关系

教师是家庭与学校沟通交流的主要纽带，家长与教师应成为"合作伙伴"，同心而行，同向发力，同行而荣。

教育的实施不囿于学校，教师的工作不止于课堂。教育要打破边界，学校要打开围墙。进入新时代，家校合作育人，政有所指，民有所盼，师有所愿。

学校是教育的主要场所，家庭是孩子的第一所学校。为避免用力不均、发力错位的难题，实现育人效果最大化，构筑家校合作的关系链，打破分数的茧房，走出内卷的剧场，形成一种教育的漩涡力量，则需合作伙伴般的家校关系。

现在的家校合作几乎是"千校一面""千事一解"，多为"趾高气扬式的教育""颁旨式的命令""告状式的沟通"等以校为本的单向度交流，呈现出"三多三少"格局，即学校对家庭的"指导"多，让家长"参与"少；学校向家长开放时"索取"多，而"滋养"少；信息"传达"多，而"沟通"少。

同时也存在着如下问题：

一是目标不一致。家长从个性化需求出发培养孩子，如兴趣特长等；而学校则着眼于同一性发展，如礼仪规范、校规校纪等。

二是关系不协调。家校之间沟通不畅、互相指责，双方从"鱼水关系"发展成了"水火关系"，教师得不到应有的尊重。

三是资源不共享。教师与家长占有的资源没有很好地整合，重复地施加给学生；教师与家长对学生思想、行为等信息的掌握不对等，有时导致措施相悖，适得其反。

四是责任不共担。老师把习惯培养等责任全部甩给家庭，而家长则把学业成绩等责任完全甩锅给学校，两者之间互相推诿、埋怨，不能携手共担。

五是功能不互补。家庭和学校应有各自的边界，各自的职责，然而家校教育经常串位、越位甚至不到位，不但没有互补，还可能互拆，"学校减负，家庭增负"就是例证。

同心而行

一群人聚在一起只是团伙，而一群心相连的人在一起才是团队。团伙，一哄而散；团队，攻坚克难。同心，即家长与老师的心在一起，想法一致，携手共赴既定目标。对于家长和老师而言，行动目标是易于统一的，都是奔着"促进孩子健康成长"这一共同目标前进。在行进的过程中，教师应带着"孩子表现"的一手信息，与全班的家长"头脑风暴"，提取最大公因数，达成教育观上的共识。教师也需要与每位家长深入沟通，针对孩子的差异，制定小而细的具体目标。然后，双方把目标的实现变成具体的行动，达到积小胜为大胜的效果。

同向发力

同向，即方向一致。这好比拔河，一群人，一条绳，心往一处想，劲往一处使。如若没有拧成一股绳，形成一股力量，个人力量越大，失败得越快。教师与家长双方应整合来自不同方位、不同层级的资源，形成教育的合力，为孩子成长提供"协同支持"。家长的行动方向必须与教师保持一致，杜绝"各吹各的号，各唱各的调"，避免家校关系中"各自为政"的现象。如遇问题应及时沟通，求同存异，相向而行，争取形成"教师吹号，全体家长报到"的局面。

同行而荣

所谓"不用害怕前路漫漫，同行的人不会走散"，在教育孩子的道路上，教师与家长注定是同路人，应始终不离不弃、并肩而行。只有家长支持教师，不护短，教育才有力量；也只有家校共育，不姑息，孩子才有未来。

教师与家长应相互尊重，教师不要先入为主，急于发号施令，应心态平稳、充分共情、慢加评价，随时判断行动的有效性。家长也要尊师重教，瞄准目标，跟着老师的思路一起走，这样的情投意合，才是教育的最强合力。"双减"背景下，家长要认可教师的主体地位，将指导孩子课程学习的权力还给教师。家庭则应实施以血缘情感为纽带的生活化教育，着重培养孩子的道德规范、生活技能等。这样才能各司其职，各尽其力，既有利于孩子素质的提高，也有利于整个教育生态的优化。

像专家一样去实践

> 教育者应以研究者的姿态、专家的思维，基于专业知识做出专业判断。从"基于经验"走向"基于实证"，精准分析并施策。

在家庭与学校中，有的孩子活泼好动，停不下来，立即就被贴一张"好动症"标签；孩子有些题不会做，又被贴一张"木鱼"标签；等等。这些脱口而出的主观臆断，却可能成为孩子一辈子的魔咒。

教育是一门科学，有其自身的规律和特点，不可"想当然肆意而为"，教育者应以研究者的姿态、专家的思维去学习、探究，用专业知识解答。还应基于证据和数据，从粗放走向集约，让每一位学生受益。

像专家一样施教，我们应关注学生的需求和身心发展规律，寻根溯源，遵循理据，科学育人。一要回到原点。阿德勒认为孩子的首要目的是追求归属感和价值感。作为教育者，职责就是帮助孩子以对社会有益的方式找到归属感和价值感。孩子在克服自卑心理的过程中可能会犯很多错误，他们的行为仅仅是冰山小小的一部分，其行为背后的信念才是孩子最深层的需要。所以，要善于把问题还原到原点去思考，在掌握一定数据的基础上开展研究，探究问题的本源。二要把握关键。研究时，若从复杂的现实开始往往无法进行，而将发生的事情省略、抽象化看待，就会清晰很多。当面对孩子的错误时，应善于探寻问题的关键，迅速找到关键问题，把复杂事情简单化。三要系统思考。处理问题时，不能"头痛医头，脚痛医脚"，而应善于在大的背景下进行综合性、一体化思考。全盘考虑，锁定目标，细化措施，闭环管理，既治标又治本。

许多教师是从"教材安排讲什么""我认为该讲什么"进行教学的，而不是从孩子需要什么、要达到什么效果去设计教学。这种只关注自己的"教",而不关注学生的"学","按本本""想当然"的教学,必然导致满堂灌、满堂问,教师教得苦,学生学得累。我们注重实证式教学,基于专业知识做出专业判断,精准分析,精准施策。如在教新课前,我们应知道"在哪儿",可以让学生进行预习,从预习中探究学情:"哪些知识点学生已经会了,占比是多少""哪些知识点学生不会,占比又是多少";然后再来确定教学目标,并依据学情明晰学习优先次序;最后判断"到没到",通过批阅课后作业,明白孩子掌握的情况,确定易错点、易混点并及时培优辅差。用这样的实证方法开展教学,可以使经验判断更接近事实,从而使教育更加深入和有效。

家庭教育仍需"循证育儿","循"是参考,"证"是证据。不能凭经验或猜想开展教育,而应在基于数据和实证的基础上,决定干预或教育行为。

在课程中寻路

今日之课程决定了未来学生的素养结构，也决定了未来世界的发展格局。课堂建设应立足传统、关注差异、满足需求，以学生为中心，突出内容结构化，加强学科关联，注重素养导向，促进课程育人，培养具有"热爱家乡、中华精神、世界眼光"的时代新人。

用课程学习

> 不同的课程，造就不同的人生。或许今日一门偶然的课程，却会为孩子未来的发展带来无限的可能。今日之课程决定明日之世界。

乔布斯在回顾自己的成长经历时谈道：大学休学后，在里德学院接受了书写教育，学到了 "serif" 与 "sanserif" 两种字体，也学到了不同字母组合间变更字间距的方法，还学到了活字印刷，等等。当时他没有预想到这些东西能在生活中起什么实际的作用，而十年后，设计麦金塔时，他把这些东西用进去了，成就了第一台图形界面计算机。偶然的一门课程，改变了乔布斯的人生，重新定义了一个行业，也改变了时代。

我接触课程，可以追溯到自己的孩提时代。教室墙上、文具盒中，或许都有"课程表"。这一张小小的表，在小学有语文、数学、体育、音乐、美术、思品、自然等课程，课本不多，当年我们用印有"为人民服务"字样可斜挎的帆布书包去背。上初中以后，课本增多了，有语数外、音体美、理化生等相关课本，我就用父亲编织的背篓去背。那时，课程在我眼里就是某某学科。考入师范学校系统学习后，才知课程包罗万象，也才深知课程的不可或缺且意义重大。

今日之世界，越来越多元，越来越复杂，竞争也愈发激烈。国与国的竞争，说到底就是科技与人才的竞争。人才的培养靠教育，教育的关键在课程。今日之课程决定明日之世界。

课程是一个调色盘，描绘赤橙黄绿青蓝紫，帮助孩子成就五彩斑斓的人生；课程是一种契机，今日一门偶然的课程，会为孩子的未来带来无限可能；课程是一条跑道，一步一步地跑，构成了阶段性生活，而一条一条的跑道接续跑下来，就串联成了人生的发展轨迹；课程也是一种心智模式，设计什么样的课程，孩子就会有什么样的思维方式和行为习惯，它决定着未来孩子的发展。

不同的家庭，对孩子的要求亦不同，有的喜欢文科，有的却喜欢理科，不同的课程经历，成就不同的人生。

中国特色社会主义进入了新时代，中国经济发展也进入了新时代，基本特征就是中国经济已由高速增长阶段转向高质量发展阶段。推动高质量发展，就要推进中国制造向中国创造转变、中国速度向中国质量转变、制造大国向制造强国转变，这些都需要属于我们自己的核心技术。同时也需要改变中国人以往的心智模式——注重模仿、忠实执行，不善于创造和突破。创新意识不足、学生实践动手能力差、合作意识缺乏的现状需要通过课程改革来改变，让课程从生活中来，再到生活中去。既立足当下生活，又超越当下生活，从割裂走向整体、从简单走向复杂、从模糊走向清晰……

课程学习，不是死读书，不是机械地记忆。要不唯书，不唯师，不唯上，只唯实。学习思想的高度、思考的深度、思维的速度，用生活去链接知识，把所学知识运用于生活，让知识产生价值。从而修正与完善自己。

课程开发的意义和价值是什么？我认为：于学生而言，是丰富学习内容，提高学习兴趣，发展个性特长，促进高质量学习。于教师而言，课程开发的过程也是教师研究的过程，伴随着有意义的学习、问题的解决、反思改进，促进了教师个性化专业素质的养成。于课程本身而言，改变了"高度统一"的课程设置，顺应世界课程发展趋势，是国家课程的有益补充与转化。于学校而言，课程的开发增强了教学活动的丰富性和个性化，有利于彰显学校特色。于地方文化而言，地方文化具有"亲缘性"，将地方文化传承纳入课程整体规划，可以有效地激活课程，促进地方文化的传承与发展。

面对"新课标",我们怎么办?

> 立足传统,关注差异,满足需求,制定清晰、有序的课程目标,设定学业质量标准,突出内容结构化,加强学科关联,注重素养导向,促进课程育人。

2001 年,基础教育课程改革启动,这年我正值二十岁,也恰好从师范学校毕业,顺势投身到了轰轰烈烈的改革洪流中。这二十余年来,无数的教育人,一路披星戴月,一起披荆斩棘,经历着波澜壮阔、如火如荼的新课程改革,这也给我们积淀了太多太多的回忆。"忆往昔,知得失;明方向,举大业",无论回忆是甜甜的,还是苦苦的,我们都得坦然以对。

看看身边风起云涌的课程改革,这种模式、那种课堂……各种新名词、新概念纷至沓来,让人目不暇接。翻转课堂、微课、慕课、云课堂、思维导图……如雨后春笋般进入我们的教学领域。正是这一桩桩的事、一批批的人,前赴后继推动了课程改革。改革从来不会一帆风顺,曲折起伏是必然的。我们在总结成绩与经验的同时,还需直面问题与不足。

回望走过的课改路,思量所开发的课程,"碎片化叠加""大杂烩乱炖"的学校课程变革随处可见,其问题在于:

一是接地不够。学校课程开发没有结合实情,管理层"想当然"而为之,为了课改而课改,剥夺了师生、家长、社区参与课程规划设计的权利,缺乏民主意识和开放思维。

二是目标不明。"脑中的育人意识、眼中的育人目标"不强,杂乱无序的"课程碎片"、随意拼接的"课程拼盘"都不是基于育人目标的实现,育人目标与课程目标没有很好地实现对接。

三是逻辑不清。课程开发缺乏顶层设计，仅是校本课程的叠加，多处于"事件"状态，缺乏"整体"规划，缺乏"体系"意识，交叉重复多，课程之间的关联性与结构性不强。没有基于办学理念设计、实施、评价课程。

四是实施不足。课程过于单一，课程缺乏丰富性、实践性、体验性与选择性。课程设计以被动接受为主，缺乏探究性和活动性。

五是管理不力。课程随意性较大，学校往往热衷于开发，而忽略评价管理。没有课程进入的认证标准，仅凭校长一念之间。也没有课程评估标准，往往是"脚踩西瓜皮，滑到哪儿算哪儿"，其实施效果不得而知。

问题是思维的体操，也是前行的动力。教育部在全面梳理与总结课程改革的问题与困难的基础上，新修订了《义务教育课程方案》以及各学科课程标准，注重素养导向、课程育人。新课改标准具有如下特点：

一是关注地区、学校和学生的差异，立足办学传统，充分利用特色教育资源，丰富课程形态，服务学生个性化学习需求，体现课程的实践性、体验性、选择性。

二是聚焦培养有理想、有本领、有担当的时代新人，凝练课程所要培养的核心素养，形成清晰、有序、可评的课程目标。

三是一体化设计课程，基于核心素养精选素材，加强课程内容的内在联系，突出课程内容结构化，注重于学生经验、社会生活的关联。加强学科间相互关联，统筹设计综合课程和跨学科主题学习。

四是有效实施国家课程，规范开设地方课程，合理开发校本课程，倡导"做中学""用中学""创中学"，注重知识学习与价值教育的有机融合。

五是根据核心素养发展水平，结合课程内容，整体刻画不同学段学生学业成就的具体表现特征，形成学业质量标准，注重教学评一致性。

课程改革是一个系统工程，周期长，任务多，困难大，不可能一蹴而就。我们要顺应时代，呼应时代。在方向上应更加注重政治性和思想性，在设置上应更加注重科学性和系统性，在开发上应更加注重选择性和适宜性，在内容上应更加注重新颖性和时代性，在实施上应更加注重指导性和操作性，在评价上应更加注重适切性和多样性。

时代是出卷人，我们是答卷人，只要我们聚焦新课标所确定的目标，躬身实践，接续奋进，一定能抵达新的彼岸。

沉浸在翰墨校园中

学校文化应内化成行为自觉，影响校长办学思想，影响教师教学行为，影响学生日常表现，影响家长教育行为。

现如今，以"翰墨"相近名词冠名的特色学校不在少数，有人认为"翰墨校园建设"只是"学校特色"并非"特色学校"也。如只注重"诗词""书法""绘画"等某个单一方面的发展，那就是"特色项目"；如仅仅着重于知识层面，或者技能层面的发展，那就是学校特色；如着重于文化层面和精神层面的培育，将其上升为办学理念，内化成行为自觉，让其影响校长的办学思想、影响教师的教学行为、影响学生的日常表现、影响家长的教育行为，那它就是特色学校。

"翰墨校园"就是用"翰墨"这个核心词来统领学校的全面工作，不仅要开设相应的课程，教授相应的知识，培养相应的技能，还要影响领导的决策、影响教职工的行为、影响学生的身心发展、影响学生学习的方式以及家长和社会的期待。

挖掘·梳理·提炼——确立办学思想

"翰墨"在词典中意为：笔和墨，借指文章书画等。于办学，"翰墨"是理念——以人为本，厚德博学，与时俱进；于校园，"翰墨"是文化——以文化人，以文明德，文化毓校；于治校，"翰墨"是管理——人本，人文，人性；于育人，"翰墨"是目标——温文尔雅，个性发展，谦谦君子；于教学，"翰墨"是追求——会学习，会合作，会探究。如此以来，以"翰墨"为主题的特色学校便在创建的过程中完成了教育的目标和任务。

"翰墨校园"是一种特殊的社会文化现象。一是学富五车，即好读书，读"好书"，"读好"书。二是练字练人，即练正确之字、练规范之字、练端正之字、练艺术之字，练德高之人、练明智之人、练体健之人、练鉴美之人、练勤劳之人。三是以美育人，即培养和提高学生认识美、爱好美和创造美的能力，帮助学生体验感受生活，进而热爱生活，追求真善美，正化人心，教化社会。

濡染·熏陶·浸润——营造环境文化

"翰墨校园"就要让学校的每块土地都展现出"翰墨"文化，让学校的每一面墙壁都折射出"翰墨"的光芒，让学校的每一株花草都散发出"翰墨"的气息，让学校的每位师生都书写着"翰墨"的风骨，整个学校宛如一个"活"的"翰墨"大观园。

挖掘办学历史，梳理积淀文化。与"翰墨"相互作用并联结转化，形成一种壁立千仞的独立精神、海纳百川的包容精神、矢志不渝的坚守精神、天道酬勤的奋进精神、与时俱进的创新精神、引领潮流的时代精神、团结稳定的和谐精神、大爱无言的奉献精神。以"翰墨"为主题物化环境，形成高品位的境界。楼宇间应有"翰墨"之气，廊道中应有"翰墨"之墙，道路边应有"翰墨"之石，景观里应有"翰墨"之义，教室内应有"翰墨"之作。把"翰墨"精神内化为师生家长的行为自觉。管理上，以文治校，落实精细化，追求精益求精；教师方面，爱岗敬业，因材施教，以人格魅力去感染家长与学生；学生方面，汲取养分，厚积薄发，形成健康、睿智、灵动的自我成长模式；家长方面，举止文明，情趣健康，言行一致。

乐学·善学·博学——构建课程体系

以学生核心素养发展为指南，以"翰墨"文化的内涵为核心课程目标，构建品德与语文、数学与科学、外语与外事、体育与健康、审美与艺术、综合与技术六个学习领域，在每个领域内设置基础、拓展、探究三类课程，并以专题开设相应的科目、开展相应的活动。

实施国家课程校本化，挖掘"翰墨"元素服务育人目标。分解"翰墨"文化为若干细小的主题，如"诗""书""画"等，以主题为统领，梳理现有各学科教材中有关"翰墨"的知识，跨学科课程整合，实施主题式教学，实现"翰墨"育人。着眼于培养、激发和发展学生的兴趣爱好，开发学生的潜能，促进学生个性发展和学校办学特色的形成。开设"晨诵、午读、暮省"小课，早读诗词，午听评书，晚诵经典。围绕"翰墨"月月有主题、周周有活动，开展"传统文化月"等活动，让学生在活动中体验感悟成长；开设诗词史话等学科延伸课程；开展研学旅行，参观考察博物馆等活动，使学生置身于浓浓的"翰墨"书香之中。运用研究性学习的方式，发现和提出问题，探究和解决问题，培养学生的自主与创新精神。开展综合性实践课程，以项目式学习等形式，开展"走近王羲之"等活动。让学生整理知识点，画思维导图，写研究论文，使学生深度解读"翰墨"文化。

志广 · 务实 · 精准——建设管理文化

"翰墨校园"建设，有从大处着眼、构建共同愿景的"志广"文化，有脚踏实地、勤勤恳恳的"务实"文化，也有从小处着手、关注细节的"精准"文化，这充分体现出"翰墨"文化中的人本、人性、人文，也体现了"翰墨"尊重人的个性发展，相信人的无限潜能。

用制度规范人，实施"文本+人本"的管理方式，让教师、学生、家长有章可循、按原则办事、按制度做事。实施过程中不要过于机械，要有人情味，既要坚持原则性，又要保持灵活性。成立"学校仲裁委员会"，师生可以提出行政复议。用过程塑造人，制定简约精练的班纪校规等，每期开学前明标导行，每月一主题，每周一专训，每天一反思，让学生逐步明白规矩，对标检查，修正行为。用氛围陶冶人，师师、师生、生生之间的关系时刻都在潜移默化地影响着每个人的成长和发展，在自主、合作、探究中完善人格。如当学生主动阅读时，有可能会带动周围的学生阅读；当家长看书时孩子们会模仿。这浓厚的氛围影响着每一个人，潜移默化中就会实现自我完善。

载于《中小学校长》（2019 年 11 月），有改动

识字教学重在思维

> 汉字集造型、意蕴、声韵于一体，重"象"可以培养形象思维，重"意"可以培养逻辑思维。

思维的发展与提升是语文课程的四大核心素养之一，能让学生在积极的语文实践活动中培养其直觉思维、形象思维、逻辑思维、辩证思维和创造思维。汉字集造型、意蕴、声韵于一体，因此，教学中不仅仅要读准音、认清形、理解义、感受美，还要引导学生的思维发展。

长期以来，汉字一味被生硬记忆或机械抄写，导致学生识字的主动性、积极性不高，识字效率低下。一是识字途径单一，倚重教师讲，把识字简单地等同于读写汉字，没有发现和理解汉字在各种思维培养中的重要价值；二是教学方式单一，儿童主体性发挥不够，没有找到儿童与汉字的融通点，束缚了学生思维的发展。

培养直觉思维

直觉是人们对事物整体的体会和把握。汉字的音韵和节奏无时无刻不反映在言语中，既可表情达意，又是"声音的图画"。体味声、韵、调及其节奏，能提升学生的直觉思维能力。如"嘿""嘻"，就像是开心时人们发出的各种笑声。识读在抑扬顿挫之间，不仅传达着字意，更传递着丰富的联想和深层的意象。

培养形象思维

形象思维是借助形象进行思维的一种认知方式。汉字的魅力在于象、在于形，立象以尽意，在象形字和会意字中特别明显，这恰好与小学生以形象直观思维为主的认知特点相契合。教学中，我们可以将汉字当作图画，用"读图法"整体感知和识记，将汉字与绘画艺术巧妙融合起来，将抽象而陌生的汉字幻化成一幅幅生动可感的图画。如教"网"字时，把汉字与实物进行对比，引导学生观察、想象和联想，把形象思维与认知融通起来，化抽象为直观，培养形象思维。

培养逻辑思维

逻辑思维是准确而有条理地表达自己思维过程的能力。字有其意，字有道理，教学中要引导学生探寻汉字的逻辑线，用搭积木式的方法，让学生自己通过拼搭与摆放组字的部件，发现新字的意义，让识字有理有趣。如教"抱"字时，可以会意为用手把东西包起来；教"抬"字时，可以会意为用手把物品向上举起等，让识字有理可依，有理可循。

培养辩证思维

辩证思维是以变化发展的视角认识事物的思维方式。汉字是有源头的，教学时应遵循汉字规律。通过观察、分析、整理、发现等方法，探寻汉字的结构特点。让学生发现汉字的"网"，感受汉字的变化与发展，从而触类旁通、举一反三，并提升文化内涵。如"只""双""获"等字，看似毫无关联，但通过研究字源会发现，这些字关联度很大。它们的繁体字分别是"隻""雙""獲"，"隹"为鸟，"又"为手，抓一只鸟为"只"，抓两只鸟为"双"，狩猎时在草丛中抓到鸟为"获"。

培养创造思维

创造思维是具有开创意义的思维活动。识字教学时，教师应将汉字与生活相联系，以多元认知的方式，创造性地、可迁移地进行汉字教学，让文字符号联系有意义的生活。如教"蹬、跳、蹦"字时，让学生自由演示，体察区别，建构字义；教"迎、追"字时，让学生模拟情境，通过角色体验来帮助识记，使抽象的汉字生活化。还可以通过创编字谜歌诀、编写插图故事等方法打开学生的思维。

总之，教学汉字应摒弃机械记忆、死记硬背，引导学生以积极的姿态学习汉字、玩转汉字、推广汉字，在感受文字所具有的智慧的同时，发展思维，提高审美，升华情感。

让师生家长在书香中成长

建立校馆共读、家校共读、师师共读、师生共读、亲子共读、生生共读六项阅读课程，提升师生家长的同理心、倾听理解和有效表达的能力，提高公民素养。

记得 2015 年 8 月底的一天，我拿到任职文件，从区教委组织科干部瞬间变成了城区新开办小学的业务副校长。

刚到学校，屁股还没坐热，教师们的问题便接踵而至："丁校，有个家长打着赤膊在校园内转悠……你看家长这素质……""丁校，我让孩子看课外书，填写阅读记录单，他们填的几乎都是语文书！""丁校……""丁校……"那段时间，我一听到"丁校"俩字，心里就直发怵，脑中一团糟，真是"才学剃头匠，就遇络腮胡"，不知如何是好。

经多方调研后，我了解到：我校的招生范围是周围近几年新建的小区，家长几乎都来自乡镇，要么因征地拆迁而购房，要么为孩子能进城读书而购房，刚从"村民"变"市民"，文化层次、生活习惯等均略显逊色。

于是，我召集教导处、年级组、学科组的负责教师商量对策，经过激烈讨论，大家一致决定开展全校师生家长全员阅读，开阔视野，提升素质。"新官上任三把火！"我发出了第一份招募令，就是征集"全员阅读"课题组成员。令我意想不到的是，所有班主任、语文教师纷纷踊跃报名参加，这个"开门红"带给我的不是惊喜而是沉甸甸的压力，促使我要把这件事干好、干扎实。

我们分成了"教师、孩子、家长"三个小组，分头搞问卷、找问题、做家访、查资料、想策略……春去秋来，寒暑易节，经过一年半的努力，推出了师生家长全员阅读活动。

师生家长全员阅读活动，是以阅读为基础，以形成良好道德风尚为核心，促进素养提升的综合性活动，主要目的是提升师生家长的同理心、倾听理解和有效表达的能力。学校从教师、孩子、家长三个层面，从阅读习惯、方法技能、情感态度、阅读量等维度确立了活动的核心目标，也构建了活动的主要内容，每个层面分为"三主干、三枝干"，教师阅读分为"通识阅读"（思政类、法律类、史学类）；"专业阅读"（教育理论类、专业成长类、教育心理类）；"拓展阅读"（哲学类、文学类、科技类）。孩子阅读分为低中高三段，每段均有科技、人文等类别。家长阅读分为"公民阅读"（道德法治类、中华经典类、科学文化类）；"教育阅读"（儿童心理类、养育技巧类、卫生保健类）；"兴趣阅读"（职业技能类、哲学经济类、生活情趣类）。每类根据实际情况各推荐了 50 本书。

为了促进师生家长全员阅读有效实施，学校开展了六项阅读实践活动。如校馆共读活动与区图书馆衔接；为师生家长办理图书借阅证，随时可借阅图书；开展家校共读活动；组建家长读书会；制定章程；定期开展活动。在 2017 年的"300 名家长 30 天读 3 本家庭教育好书活动（第二季）"中，三年级 6 班一位家长说："每天阅读学习，真的很受用，与孩子一起成长。"设立"家长流动图书馆"，由家委会管理，家长可利用接送孩子的空闲时间进行阅读，也可借阅。建立"师师共读课程"，每周四下午学科组活动时，先集中阅读 30 分钟，教科室及时记载并通报。建立"师生共读课程"，每天下午利用 20 分钟进行集中阅读，纳入常规检查。建立"亲子共读课程"，每学期组织"亲子共读一本书，我与孩子共成长"的读书活动，每天要求亲子共读 30 分钟，填写记录单，定期检查评比。开展"生生共读课程"，晨诵时间统一朗诵中华优秀经典诗文，每天中午开放图书室、电子阅览室，分班轮流借阅。除此之外，每年还定期邀请名家进校园，开展"三同"活动（即师生、父子、母子）"同读一本书、同背一首诗、同过一个读书节"。此外还举办"智慧背囊、厚学养德"师生家长读书分享会等。

当然，为了保证这些活动的实施，学校也建立了评价制度，如举办"阅读成果展示周"、建立"阅读档案袋"、定期评选"书香家庭"和组织阅读评比表彰活动。

实施师生家长全员阅读活动以来，教师的视野开阔了，涵养丰富了，理念提升了，能力提高了。家长的素质也有了较大程度的提高，与教师建立起"统一战线"，开启了家校共育的良好局面。最受益的还是孩子，同年妇女节我下班回家时，在学校旁边的超市门口发现有个孩子蹲在广告牌边看书，我情不自禁地为他拍了照片，并连续换角度拍了好几张，他因一直沉浸在书中竟未察觉。

以上这些，作为学校管理者，岂能不欣慰？

载于《中国教师报》（2018 年 11 月），有改动

提高孩子的书写能力刻不容缓

> 字是打门锤。老师应把学生书写习惯的培养当作自己的职责，提高孩子的书写能力刻不容缓。

俗话说"字是打门锤"，写一手漂亮规范的汉字，既是民族文化的传承，也是时代的呼唤，更是每一位中国人的责任。《义务教育语文课程标准（2022 年版）》中提到"良好的写字习惯"的养成和保持，这充分说明了规范书写的必要性和重要性。

当今，电子产品成为人们日常生活、学习、工作的必需品，键盘输入已经成为大多数人的必然选择。随着敲击键盘频次的增多，学生的汉字书写能力却在急剧下降，呈每况愈下之势。主要表现为写倒笔顺、错别字较多、书写歪歪扭扭、乱涂乱画等，着实令人担忧。究其原因如下。

一是书写意识淡化。网络时代前，字曾被看作是一个人的"门面"，社会各界都非常重视。信息化时代背景下，书写机会逐渐减少，导致越来越多的人认为写一手好字用处不大。也有人认为，学生应以"考分为王"，字好不好无关紧要。久而久之，书写意识逐渐淡化。

二是榜样作用弱化。当下，多数教师的写字基本功不扎实，加之用课件多了，用粉笔少了，书写能力随之退化。少有的板书呈现随意潦草，横竖不拘，大小不等之势。言传不如身教，榜样的力量是无穷的，教师自身书写能力不强，无法给学生树立良好的典范，指导写字时自然缺乏底气。

三是规范书写教育退化。语文教学有"识字与写字""阅读与鉴赏""表达与交流""梳理与探究"四大板块，但教学中老师花费在文本解读上的时间多于其他三项。写字只是在最后几分钟"点缀"一下课堂，由此书写指导的功能被弱化了。即使有少量的书写指导，多半也是教师分析字的时间比学生写的时间多，而且"细枝末节"分析得多，"关键点位"强化少。许多学校没有专设写字课程，也没有科学的写字教材，学生从而缺乏系统的、规范的书写训练。

四是作业布置僵化。"双减"以后，学生的作业负担得到了有效控制。但有些班级的各科任课教师在作业布置时没有做好统筹，各自为政，导致某几天的书写作业过于集中。学生为了尽快完成，只好把书写要求抛于脑后，作业便成了"急就章"。同一个班的各科任课老师对作业书写要求也不同，一般来说，语文老师对书写要求严格一些，而其他学科相对较松，没有形成书写教育的合力。

提笔即是练字时，要想提高学生的书写水平，从以下几方面做起。

一、提高书写意识

提高学生的书写能力，从眼前看，它是终身学习能力的基础。避免电子阅卷时因阅卷老师看不清楚而失分；从长远看，一手规范的字令人心神愉悦。既可以提高学生的素质，又可以培养学生专注、耐心等品质。在传承中华优秀传统文化的同时，感受文字所蕴含的智慧，树立文化自信。

二、用好部编教材

部编教材《语文园地》中编入了"书写提示"，低年级与中高年级安排的次数略有不同。老师们应明确"书写提示"的功能与定位，保证学生的书写时长，采取"一写（放手让学生先写，充分暴露不足），二导（尊重学情，梳理关键，针对性指导），三比（比照范字），四修（自主修正）"的策略，争取在课堂教学中最大限度地发挥指导作用。

三、开设写字课程

在校本课程中开设"写字课"，由专职教师执教。不要机械重复地书写生字词，而是选用符合小学生年龄特点的教学资源，循序渐进的教学手段，通俗易懂的教学内容，专门教学"笔画书写""结构排布"等技法技巧。还要精心设计用于练习写字的田字格、方格、通行格等书写纸张，提高书写效率。通过"边练习、边发现、边小结"的方式，培养学生良好的书写习惯。

四、正向引导，示范引领

加大教师书写技能的培训力度，定期聘请专业人士进行书写指导。每周展评一次教师的粉笔字和钢笔字，要求老师上课时必须有板书，并对书写情况进行等级评定。制定统一的作业书写要求，由班主任统筹布置书写作业，全体教师同一步调规范学生的书写。每学期定期开展规范书写的展评活动，如作业书写规范比赛、考场草稿纸展评、优秀答题卡展评，等等。正向引导，示范引领。

五、创新评价方式

兴趣是最好的老师，成功时的愉悦是一种巨大的情绪力量。学校要搭建评价机制，让学生体验成功的快乐。在写字指导课中，制定"结构正确""组合美观""笔画稳健"的三星评价标准，及时评价，即时鼓励。将学生作业书写情况纳入教师教学常规检查考核，创建作业规范书写达标定级体系，每学期对学生的作业情况进行定级考评。除此之外，还可利用视频号等新媒体推送分享学生的书写作业，调动书写热情。

学生写一手漂亮的字，需要全体教师的高度重视，并渗透进各科教学中。另外，书写还需家长积极配合。家长应为孩子准备固定、标准的书写场所，孩子书写过程中要严格要求，及时纠正，家校合力共育，确保学生书写质量不断提高。

我手写我心

写作之关键在于"诚心",抒胸中情,表心中思。通过"我手写我心""我文一起看""我手改我文",让孩子"我文为我书"。

写作即说话,可用口语表达,亦可纸笔交流。写作还是"自说自话",你说你的,我说我的,我说的与你说的不同。千万不要向读者表错情、让读者会错意。写作之关键在于"诚心",即胸中的情、心中的思一定是自己的。

写作似乎从孩子的牙牙学语便开始了,从单字单词,一词一语;到连续词串,一句完整的话;再到说一段话,讲一个故事;最后到发表一次演讲,作一篇文。如此循序渐进,技能螺旋上升。

有的学生认为写作是"为老师而写""为考分而写"。学习写作就为完成老师布置的作业,或为应付频频的考试。这样的写作动机,也难怪老师"难教",孩子"怕学"了。究其原因如下几点。

一是作文教学脱离了孩子的真实生活,过多侧重读写行为,缺少情境营造,兴趣难以激发,孩子表达时"为作文而作文",太多"假大空"。

二是作文展评交流不够,任课教师常为第一读者,更有可能是唯一的读者,窄化甚至忽略了读者意识,孩子形成了"为老师写作文"的错误认知。

三是作文评价单一,教师重写、不重改,简单的眉批与总评,孩子往往是匆匆一瞥,缺乏成文后修改的主动意识,再加上互动交流少之又少,孩子的作文水平自然止步不前。

我手写我心

小学生活五彩斑斓，有手舞足蹈的高兴，也有愁眉苦脸的伤心，更有难以启齿的囧事。所看见的每一个人、遇到的每一件事、想到的每一个道理，都会使人心有所感、生情而动。情动而辞发，此时的由感而发应是作文的真情流露。

作文教学时，应贴近孩子心理特点设计情境，设置"跳一跳够得着"的表达任务，使孩子置身于真实的情境之中，让他们全身心投入写作，一气呵成。可以链接生活背景，也可以基于文本情境，充分调动孩子的积极性，让他们"真心话大冒险"，秉承"我手写我心"，让孩子愿意表达、乐于表达。

我文一起看

作文写好后，不要交给老师就完事，也不要束之高阁，一定让孩子把作文亮出来。开展"作后交流"，既可以在分享中完善习作，又可以增进人际交往，还能提升品鉴能力。但现实中，这样的交流往往被弱化，或流于形式，或混乱无序，缺乏深度与广度。

作文从"说"开始，鼓励学生将发生的精彩事、最想说的话、最真切的感受、最有价值的收获等，先在大脑中"演电影"式地回忆一遍，再讲给同桌或全班听，让他们自由表达、充分交流。老师相机指导"言之有物"，进而解决"言之有序"，让孩子从一个句子到一段话，再由片段连成首尾完整的作文。开展写后交流，开展"我读作文给你听""请你提出修改建议""更喜欢谁写的故事"等活动，让大家互评互鉴。

我手改我文

虽说写作就是说话，但写作与寻常的口头表达不同，写作应有主旨。作文写好后，应指导孩子反观文章是否抓住了主旨，是否达到日常生活交际的需要。

好作文需要斟酌修改。让孩子站在自己的立场，审视自己的文章是不是表达了自己的真实情感；行文是否妥帖，主题是否突出；让孩子站在读者的立场，看看自己写的话别人能不能看懂，字乱用没有，语言是否依傍思想等。唤醒孩子的表达意识，激励他们自评自改，引导他们多角度、深层次地观察。让孩子把自己想表达的内容修改明白。

数学好玩

"玩"是孩子的天性，用"玩"的方式去认知、理解数学，可以在课堂中"玩"，也可以在闲暇中"玩"，还可以在生活中"玩"。

2002年，第24届国际数学家大会在北京召开，91岁高龄的著名数学家陈省身先生应邀出席并题词"数学好玩"。

"数学好玩吗？"每个有切身体会的人，给出的答案是不同的。

数学是一门逻辑性、严谨性极强的学科。"玩"又是孩子的天性，是孩子们认识、感知世界的方式。"数学好玩"，实则是陈老先生让我们用"玩"的方式去认知、理解数学。

当我们把数学当成冷冰冰的数字、乱码式的符号，让孩子去背数学公式，去记几何原理，让孩子在补习班里刷题、在特长班里做奥数，把好玩又有趣的数学游戏，变成了枯燥无味的"听课"、重三迭四的"口算"，谁还能喜欢数学呢？

如若玩一玩数学，既是消遣娱乐，又是学习思考，有何不可！

在课堂中"玩"数学

数学是思维的体操，动手操作是智力的源泉、思维的起点。数学，不是训练什么计算能力，而是训练一种数学思维。数学思维也可以说是游戏思维，就是穷尽想象力去创造一个世界，然后用严谨的论证和逻辑推理去得到一个答案，是一种高度抽象并解决问题的能力。

小孩子的各种思维中，形象思维占主导地位。课堂上，让孩子动手操作、亲力亲为，让孩子在操作中探索，在探索中创新。这种切身体会，可以让孩子积极地、主动地去学习，同时可以让孩子积累更多的经验，既加深了对概念的理解，又加速了孩子数学技能的形成，提升孩子的数学综合能力。

在闲暇中"玩"数学

和数学有关的玩具很多，如魔方、七巧板、九连环、华容道、三棱锥等。引导孩子在课余玩起来，而不是沉迷于游戏、短视频。

让孩子在闲暇中"玩"数学，让孩子的手动起来、脑转起来、思维活跃起来。让孩子在多种玩法中，发展独创性思维；让孩子在同伴的互判对错中，发展批判性思维；让孩子在成功的愉悦中，获得积极的情绪体验。如此一来，丰富了学习内容，改变了学习方式，增强了学习兴趣，全方面、多层次地提高思维的灵敏度，让孩子们在轻松愉快的氛围中体会数学有趣又好玩的真谛。

在生活中"玩"数学

数学家华罗庚曾说："宇宙之大，粒子之微，火箭之速，化工之巧，地球之变，生物之谜，日用之繁，无处不用数学。"

数学应用广泛，从小的方面来说，柴米油盐酱醋茶的买进卖出涉及它，存款贷款、看病买药、基金保险等的计算也涉及它；从大的方面来讲，农业生产、环境保护、工程机械等也大量存在数学运用的踪影，航空航天、信息网络、国防科技更离不开数学。

数学与我们息息相关，数学问题来源于生活，生活问题要用数学知识来解决。一边体验数学、"玩"数学，一边用数学知识解决生活中的问题。激发孩子的创新思维，让孩子迸发出更多的奇思妙想，培养孩子的数学能力。

"触摸"让数学有温度

智慧在孩子指尖跳跃。让孩子以触摸的方式学习数学，使其"看得到""听得到""摸得到"数学，研究数学，运用数学，享受数学，进而爱上数学。

　　数学有极大的魅力，历来被交流、传承。它是一棵科学树，数学技术在很多领域起关键作用；它也是一棵生活树，以鲜活的实用价值被用在人们生产生活的方方面面；它更是一棵文化树，影响着人类文明的进程。

　　然而，眼下孩子们看见的数学，大多被印在纸面上，抽象而枯燥，让许多学生望而生畏。为消除部分学生对数学"冷冰冰""繁难乏味""数学无用"的偏见和曲解，充分体现数学的鲜活与实用，让数学环绕在孩子身边，进入孩子触手可及的地方，我们应从"触摸数学"的视角，引导孩子研究数学，运用数学，享受数学，进而爱上数学。

　　触摸是通过皮肤对物体的接触来感受物体性质的一种方式，这是最直观、最可信的体验方式。瑞士著名教育心理学家皮亚杰说："智慧的花是开放在手指尖上的。"小学生以具体形象思维为主，让孩子以触摸的方式学习数学，体验参与数学学习的过程，能激发兴趣，发展思维，进而获得经验、建构知识。触摸数学，是一种数学文化，是一种将视觉、触觉、听觉多种感官结合起来的教学策略。它以"数学好玩、数学美妙、数学有用"为理念支撑，以"看得到、听得到、摸得着"为课程理念，让孩子在动手实践中感悟数学，在情感体验中生发数学。

建设数学学科教室

根据《义务教育数学课程标准（2022 年版）》，以现行数学学科教学内容为依据，遵循儿童的身心发展及认知规律。分学段或分年级建设数学学科教室，配备或研发与教材配套的教学具，开展相关数学文化活动。教室内，孩子们可以通过计算机访问互联网，可以运用教学资源，可以自制学习工具，自主探究实验，生生、师生互动讨论交流，学习研究数学知识。如低年级学生学习计算"19-15=？"时，可以通过摆放"算珠""小棒""圆片""棋子"等操作素材，不仅要弄懂"怎样计算"的算法，还要弄清"为什么这样计算"的算理。在高年级学生学习圆锥的体积时，可以通过等底等高的圆柱、圆锥盛盐实验，在动手操作中加深直观体验，把抽象的数量关系直观化，引导学生对数学知识的深度思考，激发直观思维，感受数学之妙。

建设数学文化长廊

以数学发展史为主线，从数学之史、数学之趣、数学之美、数学之用四个维度，呈现丰富的主题数学文化的学习环境。一是利用多媒体、展板、展台，以图片、视频等多种形式，呈现数学发展史等内容；二是创建学生能互动参与的数学游戏、经典数学趣题、数学小实验等活动区角，如迷宫、数独、孔明锁、剪刀棋、二吃一、黑白棋、算姓揭秘、骗人转盘等多项寓教于乐、动中启思的活动平台，激发兴趣、加深理解、促进思考；三是创建西南数学教育陈列馆，馆中收录西南地区的数学教育发展史、数学教育名家、西南地区数学教育改革成果等。孩子浸润在数学文化长廊中，走近数学文化、领略数学魅力，能明鉴数学之史、理解数学之用、欣赏数学之美、玩转数学之趣。

建设数学体验展馆

集参观体验、益智器具、课程研学于一体，创设各种展馆展品、许多实验装置，让孩子在亲手体验中，理解数学理论。穿梭在"数字""形状""图案"组成的幻化空间中，去学习数学，锻炼其思维能力。孩子们可以尝试破解几何谜题，可以制造巨大而绚丽的肥皂泡泡，可以探索三维空间旋转的曼妙形态，以更安全、更简单的方式，认清数学的价值与本质，掌握解答数学的方法。这既是知识的宝库，图文并茂，画面生动；又是数形辉映，化繁为简的思想圣地；还是美育展厅，简洁和谐，瑰丽多彩；更是活动的乐园，享受数学，乐在其中。馆内还设有成果展，搭建孩子数学学习成果展示交流的平台，让师生参与其中，感受数学的魅力。

　　"触摸数学"，既适合行政班上课，也适用于社团选课。构建学分银行，通过明确规则、互动体验、游戏竞赛等环节，让孩子体会生活中数学存在的方式，让孩子沉浸在发现问题、提出问题、分析问题、解决问题之中，感受数学之美。

"财"从"理"开始

以理财为切入点，把培养财经素养与学科教学、现实生活的实情实景相结合。多方位、多渠道、多角度培养孩子的关键能力。

人们在日常生活中总与"钱"打交道，那么孩子如何"认钱""用钱""存钱"呢？立足实际，以中国学生发展核心素养为指南，以理财为切入点，开展财经教育，培养孩子的关键能力。

课程背景

财经素养指的是人们处理财经问题、维系个体持久生存与社会持续发展的关键能力。素养水平的高低，不仅对个人的发展意义重大，还将决定社会的可持续发展和国家的核心竞争力。

在我国现行教材中，财经知识分散于数学、道德与法治等学科中，没有形成完备的知识体系。导致孩子财经意识淡漠、财经知识缺乏、财经技能薄弱。据调查，大部分青少年对提高财经素养水平的愿望非常强烈。

课程目标

通过课程学习，孩子能掌握基本的财经知识，养成科学的财经行为习惯。具备独立思考、逻辑推理、信息加工等素养，能运用经济管理思维解决问题，形成正确的劳动观、财富观。

通过财经体验，能让孩子正确理解付出与收获、盈利与规则、信用与市场、收入与风险、个人与家庭、个人与集体、个人与社会等关系。增强合作能力，学会自我管理，丰富情感，磨炼意志，提升道德修养，塑造正确的价值观。

通过培养，增强孩子对"劳动"这一概念的认同感，养成创新人格，践行知行合一。培养自食其力的劳动者、成熟理性的消费者、诚信规范的理财者和财富人生的创造者，以便孩子具备适应未来社会发展的能力。

课程内容

为更好地落实课程目标，学校参考国内外的已有成果，构建了"四维度十结构"的财经素养培养体系。"四维度"即收入与支出、储蓄与投资、风险与保险、制度与环境，"十结构"即劳动与收入、个人消费与规划、政府收入与支出、货币与利率、储蓄与信贷、投资与金融、风险与保险、商业保险与社会保障、经济制度与体制、国际贸易与全球化。每个结构均确立了知识与技能、过程与方法、情感态度与价值观等方面的培养目标，梳理了财经知识培养点，配备了主题活动等。把财经素养培养与学科教学、实际生活、家庭社会、课内课外、实情实景相结合，多方位、多渠道培养全面发展的人才（下表为财经课本第一册的课程内容）。

课程内容表

单元	活动名称	知识宝箱	锦囊攻略	实践天地
家庭理财	活动一：认识货币	一起认识货币 谈谈人民币 外币与汇率	真假人民币	认识各种货币
	活动二：学会记账	设计账本	零花钱去哪儿了	家庭记账员
	活动三："小鬼当家"	旅游那些事儿	旅游计划	制定旅游计划
疯狂购物	活动一：想要与必要	想要与必要的概念	疯狂购物	超市购物单
	活动二：货比三家 理智消费	什么叫货比三家	同一商品比一比	模拟同一商品比选
	活动三：购物体验 "假如我有100元"	琳琅满目的商品 合理消费观	合理的购物方式 购物小技巧	假如我有100元

单元	活动名称	知识宝箱	锦囊攻略	实践天地
走进储蓄	活动一：储蓄知多少	储蓄的含义 认识储蓄的好处 银行储蓄	如何开银行账户	定期储蓄
	活动二：一卡通	认识银行标志 认识银行卡	怎样取款	银行存款
	活动三：制定储蓄计划	还能储蓄什么	我的储蓄目标	小组制定储蓄计划
班级银行	活动一：我们的团队	班级银行职位	我来应聘	共同制定规章制度
	活动二：开展义卖活动	什么是义卖	怎样义卖	策划一次义卖活动
	活动三：评选班级储蓄之星	评班级储蓄大王	储蓄积分兑换	储蓄心得

课程实施

我们将财经素养培养课程定位为综合实践活动，统筹学校的所有教育教学活动以保障课程的顺利实施。具体措施如下：

一是开设校本课程，编写校本教材《"财"从"理"开始》，每周固定一节课，让孩子掌握税率、货币、储蓄、利率等财经知识，了解付出劳动与获得收入、收入差距与风险管理、财富拥有与人生幸福等的关系。

二是融入学科教学，全面梳理与财经素养有关的教学内容进行重构和再造。有意识地拓展延伸一些财经内容，将其与语文、数学、道德与法治、综合实践活动等学科深度融合。如教语文课《妈妈的账单》时，让孩子在自己家里开展收入与支出的调查等；教数学课《百分比》时，通过教学引导孩子了解销售策略、捆绑销售等；教道德与法治课《我们的节假日》时，让孩子了解春节红包的本意以及红包经济等；在综合实践活动课中，让孩子做外出旅游的预算等。

三是融入主题活动，设置财商培养月，开展模拟银行、模拟拍卖、模拟证券公司等活动。组织孩子到市场、工厂、邮局、金融机构等场所开展社会实践活动，借助角色扮演等形式让孩子对真实案例进行研究讨论，培养孩子的财经思维。还可以通过社团为载体，由孩子选择项目进行探究式学习。

四是融入家庭活动，引导家长在家庭中开展财商培养活动，在家庭中倡导理性消费，鼓励精打细算，强调自力更生、勤俭持家。让孩子懂得如何制定预算、合理支配钱财、货比三家理性消费等技巧，培养孩子解读信息、设定目标、评价结果等生活技能，还可以让孩子参与家庭财经事务、定量分担家务等，提高孩子解决问题的能力。

课程评价

根据孩子的身心特点和年龄特征，从财经知识、财经习惯、财经态度三方面，以金融知识、理财技巧、家庭情境、社会情境等为支点，构建财经素养评价标准，学期末对学生进行评价，总体达到 90 ~ 100 分的为"优"、80 ~ 89 分的为"良"、60 ~ 79 分的为"中"、60 分以下的为"差"。

财经素养评价方式采取四种形式：一是多元性评价，根据课程目标，结合评价标准，针对孩子的财经知识、财经技能等内容，采用"自己评、小组评、教师评、家长评"的方式对孩子进行综合评价。二是过程性评价，对孩子消费的过程进行评价，肯定成绩，找出问题，促使孩子积极总结和反思。三是跟踪式记录，指导孩子制定理财、消费等计划，并将孩子的表现记录在《成长记录册》中，最后达成评价目标情况，让师生家长知晓点滴成长。四是趋势图分析，对孩子的财经知识、财经习惯、财经态度等进行日常量化评价，形成趋势图，呈现出孩子财经素养发展的趋势。

通过学科整合、联系生活、知行合一等方式的教育培养，增强孩子对待财经问题的观念和意识，提高孩子的财经技能，塑造孩子积极向善向美的价值观。

载于《中国教师报》（2020 年 11 月），有改动

立足中国，走向世界

> 立足本地，放眼中国，面向世界。以理解与欣赏的态度尊重差异，接纳他国文化，拓展国际视野，增强交流对话。培养具有"热爱家乡，中华精神，世界眼光"的时代新人。

《义务教育课程方案（2022 年版）》明确提出"关心时事，热爱和平，尊重和理解文化的多样性，初步具有国际视野和人类命运共同体意识"的培养目标。时下全球化高潮迭起，无论种族，不论肤色，都生活在地球"村"中。这带来的不仅仅是合作与竞争，更多的是文化的差异与冲突。面对差异，解决冲突，需要追求一种和谐共生的教育。

孩子是国家的未来，也是未来国际交往的主力。全球化适应力的培养成了当下及今后一段时间中小学的教育内容。国际理解教育是人文素质的一个重要方面，更是国民教育的有机组成部分，开展国际理解教育是时代之需、强国之要。

国际理解教育十分重要，却被长期忽视。原因在于：一是把国际理解等同于教育国际化，重了解，轻理解，导致孩子们参与热情不高。二是表象化、静态地看待异域文化，导致孩子们对涉外文化理解片面。三是将国际理解教育简化为语言教育，导致孩子们跨文化意识不强。四是跨文化交流仅限于外语课堂，导致孩子们的国际理解能力不足。

课程是主载体，用课程来理解国际是首选方式。先"自"，深入了解本区域、本民族、本国文化，增加对中华民族文化的认同感，生发出民族自尊心、自信心和自豪感。进而"他"，广泛了解各国文化，以理解与欣赏的态度尊重差异，接纳他国文化，拓展国际视野，增强交流对话。构建"立足本地、放眼中国、面向世界"的课程体系，培养具有"热爱家乡、中华精神、世界眼光"的时代新人。

学科渗透，了解中国，认识世界

开设国际理解教育课程，编写校本资源包《小眼睛看大世界》，低年级段以绘本为主，高年级段则以讲故事的形式呈现，图文并茂，启思导行。内容均包括"我的家乡""中华民族""世界文化"三部分。既让孩子们了解家乡的人、事、物，又激发了他们的民族自信，更让孩子们认识世界、了解世界，学习异域文化，把家乡情感、民族精神、国际意识植根于心灵深处。另外还要全学科渗透，充分挖掘、科学整合各学科教材中关于国际理解教育的内容与素材，如不同国家的垃圾分类方式、不同国家打招呼的礼仪，全球环境污染的严峻形势等，通过日常的课堂教学潜移默化地培养了孩子的跨文化意识，提升了学生的国际理解力和文化融通力。

文化比较，植根中国，放眼世界

布置"家乡文化长廊""中华优秀传统文化广角""国际文化墙"，从中比较文化的差异，增进文化的理解，促进文化的认同。举办国际文化节，创设"家乡本土""民族精华""异域风情"的场景，与孩子们分享"双语言""双文化"，用实践活动解说国际理解教育，让孩子们深入理解多元文化与价值。组建"模拟联合国"等社团，丰富孩子们的知识体系，拓展国际视野，培养国际合作意识。课外阅读时，除推荐孩子们阅读中华经典书籍外，还要推荐国外的精品图书，让他们了解其他国家的节日习俗等。此外，还可以在学校常规活动中植入他国文化，如运动会开幕式，模拟奥运会或亚运会开幕式，各班代表各国，台前30秒展示该国文化；再如六一美食节，展卖"一带一路"国家的美食等。在加深孩子对中国传统文化理解的同时，让其放眼世界。

多向交流，立足中国，走向世界

通过建立国际友好学校、组建国际合作小组等形式，搭建国际教育交流平台，加强课程合作，开展友好互访。让学生以对话的方式直观感受各国文化，开设虚拟课堂，利用互联网进行国际交流。如此不但能感受异域文化，更能锻炼沟通交流能力。一要"请进来"，邀请国外团体来校交流，也可以与外国学生交笔友，让学生亲身参与；二要"走出去"，开展体验式、融入式、探究式的游学课程，组织夏（冬）令营到国外进行文化考察，在行走中培养学生的国际交际能力；积极参与国际比赛，与国际人士同台竞技；积极拓宽"孔子学院""非遗展演"等渠道，既讲好了中国故事，又提升了国家形象。

美育课程浸润每一个学生

> 美，无处不在；美育，亦无处不在。引导孩子感受形、色、声，锻炼视觉、听觉等，构建生态之美的美育课程，将美育理念贯穿于育人的全过程，让孩子在多场域、全学科中浸润和感悟"美"，提升文化理解和艺术表达的能力。

2023 年 12 月 20 日，教育部发布《关于全面实施学校美育浸润行动的通知》，要求"构建完善艺术学科与其他学科协同推进的美育课程体系，遵循美育特点，突出价值塑造。""加强美育与德育、智育、体育、劳动教育的融合，挖掘和运用各学科蕴含的品德美、社会美、科学美、健康美、勤劳美、自然美等丰富美育资源，分学科推动制定美育教学指引"。

美，无处不在；美育，亦无处不在。

孩子通过观察与触摸，感知并理解着大自然，形成经验认知，建构意义世界。任何场所，但凡有美之处，无不有美育。在孩子们的生命里，美育似空气般不可或缺，是丰富创造、丰满生活的重要载体。

美育不等同于艺术教育，也不是艺术知识、校园社团和文艺活动的简单相加。应以国家艺术课程（音乐、美术、舞蹈、戏剧、影视等）为核心，多学科（如语文、数学、体育、科学、道德与法治、劳动等）渗透，结合区域自然条件与人文历史资源，综合科学表达方式，引导孩子感受形、色、声等，锻炼视觉、听觉、触觉，构建生态之美的美育课程，将美育理念贯穿于育人的全过程，让孩子在多场域、全学科中浸润和感悟"美"，从而提升文化理解和艺术表达的能力。

时下的美育，在认识和行动上还存在一定误区。一是过于窄化，认为美育就是音乐、美术，没有在其他学科进行渗透，也没有把校园及周边的美育资源纳入课程。二是偏重传授，教师以讲授艺术知识、教授艺术技能为主，重认知、轻感受，重理解、轻创造，忽视审美能力的培养以及情操的陶冶。三是缺乏整合，很多学校开设了校本艺术课程，如陶艺、扎染、编织等，重数量、轻质量，重开发、轻实施，游离在美育体系之外，忽视了育人价值。

立足学科课程，落实"美育课程"

以画"底线"、设"红线"的方法，上好音体美、书法等课程。创造性地开设陶艺、啦啦操、形体与舞蹈、戏剧、影视等校本特色课程，组建蜀绣、阿卡贝拉等社团，充分发挥艺术课程在学校美育中的主渠道作用，顺应需求，满足需要，帮助孩子掌握 1 ~ 2 项艺术特长，提升孩子文化理解、审美感知、创意实践等核心素养。搭建面向人人的多元展演展示平台，引导孩子每期至少参加 1 ~ 2 项艺术活动，形成"一校一品""一班一特""一生一技"的美育课程品牌，进而让孩子们感受美、理解美并践行美。

学科教学渗透，落实"课程美育"

美育资源散落在各个学科之中，应深入挖掘各学科蕴含的美育价值与功能。如道德与法治和少先队活动中有"美德"、语文和英语中有"美言"、数学和科学中有"美思"、美术和音乐中有"美趣"、体育和形体中有"美健"、信息技术和综合实践中有"美创"等。教学中，并非简单扫盲式地提及，而应打通不同学科间的脉络，强化课程实施的综合性，进一步提取美育价值，整合教学资源，融通教育与生活，提高教学质量。以"问—思—辨"的教学方式，打造活力课堂，激发积极性，让孩子们充分地、尽情地培养高雅情趣，使其具备健康的审美意识和正确的审美观念。

促进"五育"融合，落实"项目美育"

打破固有的学习场域，将课内与课外、校内活动与校外实践深度融合，以美育为主题，城市中利用博物馆、城市展览馆、科技馆等，在农村则瞄向自然，利用综合实践活动、课后延时服务等时间，结合学生特点开发具有时代特征、校园特色的美育活动，跨越课程边界、学科边界，开展多模态的跨学科教学。打破固定的学习时间，让孩子们在传统的常规课堂中体验、理解美育，让其感受美，并提升审美和艺术修养。依托智慧教育云平台开办云展览，利用校内橱窗、电子屏等平台打造校园艺术空间；利用廊道等空间建设小型美术馆、博物馆、剧场等，创新教学方式，丰富美育教育。

载于《德育报》（2024 年 1 月），有改动

体育选项走班：
让学生自主掌握 1 ～ 2 项运动技能

> 每个学生都是独立的个体，身体条件、运动基础和兴趣爱好不同。体育选项走班，可以关注差异、因材施教，让学生自主掌握 1 ～ 2 项运动技能。

中共中央办公厅、国务院办公厅印发的《关于全面加强和改进新时代学校体育工作的意见》指出"义务教育阶段体育课程帮助学生掌握 1 至 2 项运动技能，引导学生树立正确健康观"，《义务教育体育与健康课程标准（2022 年版）》在总目标中也提出"在学练多种运动项目技战术和参与展示或比赛的基础上掌握 1 ～ 2 项运动技能"。

每个学生都是独立的个体，其身体条件、运动基础和兴趣爱好是不同的，专项运动技能的选择也不大相同。然而，每名体育教师在大学阶段都有自己的主修专业，篮球、足球、体育舞蹈等，如果让篮球专业的男教师去教学生体育舞蹈，学生是难以欣赏到体育舞蹈的美感和韵律的。当下，多数学校体育课采用的是自然班级授课制，也就是以行政班为单位，一位教师承担本班的所有体育课。这样一来，篮球老师可能着重训练学生的篮球技能，足球老师可能着重训练学生的足球技能……如此学生根据自己的兴趣爱好选择专项运动技能的目标就无法实现，"课标"要求的关注学生差异、因材施教等目标也无法落地。

为了改进"大一统""一刀切"的体育教学现状，更好地满足学生的体育学习兴趣，促进学生熟练掌握一项或一项以上专项运动技能，体育选项走班教学成了一种可供选择的体育教学模式。

注重"兴趣爱好"，让学生自觉"走起来"

课程是学生成长的"跑道"，学校应从体育核心素养和体育课程一体化思路出发，以"一校多品、一师一专、一生一长"为突破口，做好"国家要求的""学校可开的""教师能教的""学生想学的"这"四个结合"，不断丰富体育专项运动项目，注重结构化知识与技能教学，整体设计体育课程内容。可以开设篮球、足球、乒乓球、羽毛球、网球等球类运动，走、跑、跳、投等田径类运动，器械体操、啦啦操等体操类运动，游泳、越野滑轮、轮滑等运动，武术等中华传统体育类运动以及定向运动、攀岩等新兴体育类运动，每个项目又需设置不同水平的学习教案（共计 36 学时），学生根据自己的兴趣（教师、家长可适时指导），自主选修项目。

各班每周开设 4 节体育课，自然班授课、体育选项走班各 2 课时。体育选项走班时，学校将同一年级的体育课排在同一时间，充分考虑"运动项目＋学习水平"重组班级，实行同年级分项合班。上课时打破行政班级，按学生自选的项目进行走班学习。

注重"学练赛评"，让学生自觉"动起来"

课堂是学生成长的主阵地，教师应从体育学科核心素养出发，认真落实"教会、勤练、常赛"的理念，以学生为中心，以问题为导向，根据学生的身心发展规律、运动技能形成规律和课程的育人特点，开展主题化、情境化、游戏化教学。采用"教学—练习—比赛—即评"的方式，实现课中育德、以体增智、以体润心、以体培劳。

根据学生水平组建异质或同质的学习小组，采取"巧设情境、示范讲解—明确目标、个体学练—合作探究、分组学练—组间比赛、集体学练—成果展示、反馈校正"的课堂模式，引导学生主动探索，积极思考，自觉实践，培养学生分析问题和解决问题的能力及创新意识。

教学中运用信息化技术手段及时监控学生的运动负荷，并注重"前测""中测""后测"，依据专项运动技能的学业质量合格标准，及时检测课程目标达成度，建立专项运动档案，让学生查漏补缺，实现自我提升。

注重"学分认定"，让学生自觉"练起来"

评价是教学改革的指挥棒，学校应构建多维度、多视角的体育健康评价体系。以夯实"全息"基本点、实现家校社协同育人，填补"智能"空白点、开发互联网＋体育健康平台，培植"增值"生长点、建立成长激励机制。建立日常参与、体育锻炼和竞赛、健康知识、健康体检、体质监测和专项运动技能测试等相结合的"体质健康云"软件系统，利用大数据、人工智能等新技术，体科"联盟"，分析生成数据，归纳提出建议，期末定时定点发送至家长手机端。

在选项走班中，从认知和技能学习（教会）、过程与方法（勤练）、比赛与展示（常赛）等方面进行评价，内容包括出勤及表现、运动参与及创新、情意表现与品质、合作与进步四个要点（共计100分），采取师评、组评、互评、自评的方式，采用定量和定性相结合的方法开展评测。学生选项学习后，在修满28～36学时的基础上，评测达85分以上的为"优秀"，75～84分的为"良好"，60～74分的为"合格"，60分以下的为"不合格"。

通过体育选项走班改革，学生的体质得以增强，运动习惯得以保持，运动技能得以提高，"享中强体、健中炼志、以体育人"的目标得以实现。

古陶缶歌 "创响" 中国

陶瓷，源起中国，传扬天下。基于陶瓷文化研发 "古陶缶歌" 课程，构建 "China 课程体系"，让孩子立足中国，放眼天下，在劳动中学会创造，在审美中弘扬中华优秀传统文化。

陶瓷是陶器和瓷器的总称。约八千年前的新石器时代就有了陶器，而早在欧洲掌握制瓷技术之前一千多年，中国已能制造出相当精美的瓷器。

1291 年，马可·波罗带着他的 "世界见闻录" 从中国回到欧洲，瓷器在《东方见闻录》中被描述成美妙绝伦的器物，因此有这样一种说法——瓷器就是中国。甚至有一部分学者提出了 "瓷器说"：欧洲人特别喜欢中国的瓷器，瓷器在英语中叫 "Chinaware"（中国器皿），后来这些人就把瓷器的原产地中国简称为 China。这样的说法虽然不一定准确，但也透露出中国与瓷器的密切关系。

陶瓷，源起中国，传扬天下。基于陶瓷文化研发 "古陶缶歌" 课程，构建 "China 课程体系"，让孩子立足中国，放眼天下，在劳动中学会创造，在审美中弘扬中华优秀传统文化，在课程体验中增强使命感和责任感，古为今用、创响未来！

课程背景

学习陶瓷艺术，不是简单地玩泥巴，而是中国风格的 STEAM 教育，淘泥烧窑体现科学之究，印坯修坯体现技术之匠，摞泥拉坯体现工程之塑，画坯上釉体现艺术之美，萃取符号体现数学之趣。这样一门综合性极强的课程，既有传统文化的基因，也有现代艺术的属性。

当下，面对大多数孩子动手能力较差，实践操作欠缺，审美情趣有待提高，创新能力不足的情况，应开设的"古陶缶歌"课程，上接"天线"、下接"地线"，顺势而为、正当其时，这既是劳动教育又是美育，更是润物无声的德育。

课程目标

"古陶缶歌"一词出自清朝乾隆皇帝的一首诗，它传承了中国古代陶瓷艺术，将中国人的审美和价值观同现代生活、艺术相结合，通过认识与理解基本的陶艺成型方法和装饰技法，运用各种形式和原理来对陶艺作品进行造型与创想，并将数学、语文、化学、历史、美术等学科融入课程，是集德智体美劳"五育"于一身的一门综合性课程。

通过观察、认识与理解泥条、泥球、泥片、釉色、粘贴、雕刻、机理等基本的陶艺成型方法与装饰技法，运用叠加、对比、平衡、重组、变形、旋转等形式进行造型，增强探索兴趣，提升表现能力以及创新能力。

通过理解、描述不同时期陶艺作品的材质、色彩、工艺处理等，认识经典的陶艺作品，了解陶艺与空间、历史、文化、美学的关系，提高审美能力，增强美育素养，弘扬中华优秀传统文化。

通过陶艺造型活动，在自主、合作、探究的过程中，培养孩子的动手实践能力、自我管理能力、劳动操作能力；培养孩子敢于冒险，勇于表达自我，敢于创新创造的精神；拓展孩子的眼界和想象空间，提升孩子的综合素养。

课程内容

基于课程目标，参考国内外已有成果，构建"古陶缶歌"课程体系，研发"寻根陶瓷、走进陶瓷、探索陶瓷、研究陶瓷、创想陶瓷"等课程领域，各领域又确立了"探索与表现、审美与理解、实践与运用"等培养目标，着重培养孩子动手做和解决问题的能力。

"CHINA"一词，C 即 Clay pottery（黏土陶器）——瓷·前世；H 即 Handmade primitive porcelain（手工原始瓷器）——瓷·诞生；I 即 Impervious porcelain（不渗透的瓷器）——瓷·跨越；N 即 National porcelain（全国性的制瓷）——瓷·巅峰；A 即 A mass art（大众艺术）——瓷·未来。

古陶缶歌

前世今生	学习领域	普瓷·常课	精瓷·技课	响瓷·艺课	拓瓷·创课	赢瓷·商课
C	寻根陶瓷	·陶器诞生 ·彩陶	·几何印陶纹 ·原始器皿	·白瓷之源	·生活中的纹样	·创意市集之器皿
H	走进陶瓷	·原始青瓷 ·多柔植物 ·年年有鱼	·兵马俑 ·小小人偶的世界	·世界第八大奇迹	·瓷初 ·雕塑	·创意市集之玩偶俑
I	探索陶瓷	·五大民窑 ·刻纹中的黑白对比	·瓦猫 ·仙人掌 ·瓷与版画	·瓷来了！	·北方窑	·创意市集之水果
N	研究陶瓷	·青花 ·紫砂 ·五彩 ·发现老房子的美	·四君子 ·汉字的美 ·山城	·御窑厂	·中国红	·创意市集之瓷板画
A	创想陶瓷	·校园狂想曲 ·无废城市 ·绿水青山 ·北极动物	·一棵开花的树 ·家乡的小吃 ·川剧印象	·冰雪 ·童话 ·山城 ·重庆味	·毕加索	·创意市集之首饰

课程实施

为保证课程的顺利实施，学校应大力挖掘美术教育资源，打造陶艺学科教室，既要配备拉坯机、泥片机、陶艺专用桌椅，还要添置大型电窑，适时烧制作品。并将"古陶缶歌"课程纳入整体课程体系，设置"陶艺工作室"，配齐配足专职教师和辅助教师。

普瓷·常课——普及课程。尊重每一位孩子学习陶艺的权利，梳理归纳现行《美术》教材中的陶艺内容，由专职教师在专门教室上课，着力推动国家课程校本化实施。形成校本教材《古陶缶歌》，每班每两周上一次陶艺课，进行传统的泥球成型、泥条盘筑、泥板成型、捏雕、彩绘等技能学习，了解陶瓷艺术的发展历程，培养孩子的工匠精神，表达对生活的美好愿望，培养孩子的动手能力和创新意识。

精瓷·技课——特长课程。通过师生双向选择进行社团选课，组建"陶艺兴趣小组"，每周开展三次活动，共计320分钟，开展"陶艺·山城""陶艺·重庆火锅""陶艺·植物的领地"等项目式探究，激发孩子想象，唤起创造欲望，开展陶艺创作。

响瓷·艺课——活动课程。将陶艺融入主题活动，如孩子在"语文周"给自己的作品起名、讲解、答疑、解惑等，在"数学周"烧制数字、数模等，利用课前3分钟讲解陶瓷发展的历史……同时举办陶艺作品展，让孩子在活动中自由表达、尽情体验、创意想象。

拓瓷·创课——大师课程。依托大学城、科学城资源，依靠家长、社会的力量，定期组织孩子走进四川美术学院等高校进行主题参观学习。聘请高校教授、知名艺术家走进学校，引导孩子通过观察、体验、分析、比较等方法，积极开展探究、讨论和交流，丰富知识情感，提高审美水平。

赢瓷·商课——财商课程。带领孩子走进古玩市场、艺术超市，通过辨别古陶、选购瓷器、售卖陶艺作品等，走出学校，进入社会，锻炼胆量，培养孩子的财经素养、艺术鉴赏能力、人际沟通交往的能力，增强孩子对生活的热爱以及社会责任感。

课程评价

"古陶缶歌"课程，不仅关注孩子技能的掌握，实践创新能力的发展，还关注孩子在实践过程中情感、态度、价值观的形成，其过程性评价注重孩子学习、创作、思考的过程，而终结性评价注重孩子审美、人文、创新等综合能力的考查与评估。

过程性评价采取自评、互评、小组评等方式进行，评价其课程学习的出勤率、参与度、学习任务的完成情况以及艺术作品的创意创造性。建立陶艺学习档案袋，记录学习的全过程，让孩子看到不同时期自己创作的变化与成长。

终结性评价结合每学年一次的主题陶艺作品展进行，邀请教师、家长、孩子通过现场作品的呈现方式、呈现效果以及"销售"转化情况进行生生互评、家长评和教师评，采用等级评定或使用描述性语言的形式呈现。

载于《中国教师报》（2021年1月），有改动

科学教育："双减"中的加法

在学科中渗透科学思想，优化科学教育课程设置，整合社会资源协同育人，变革评价方式科学赋能，在"双减"背景下，给科学教育做"加法"。

科学学科在小学课程体系中仍处于劣势地位，科学教学被弱化，用"不科学"的方法教科学知识的事情常常发生。主要表现在：一是理念上，重知识、轻能力，过于强调已有科学结论的识记，不重视让孩子观察探究知识的形成过程，更不重视引导孩子发现"新大陆"，创造新知识。二是教法上，以讲为主，学生动手不足，机械记忆、重复刷题抑制了孩子的想象力和好奇心，科学探究热情被浇灭。三是评价上，更加关注科学知识掌握情况，对科学精神、创新思维和能力培养的关注较少，主要以等级报告评价结果，忽视了问题诊断、动态反馈、结果解释，导致评价效度低、信度不够。

科学是第一生产力，科学教育是立德树人的重要组成部分，"双减"政策与给科学教育做"加法"，应同频共振、相向而行。

在学科中渗透科学思想

科学教育，不仅仅是小学课表中的"科学"这门学科，也不仅仅是展现创造思维的科学竞赛，它在各个学科中都有呈现，如语文中关于科学技术的选文、数学中的思维方法等，都是科学教育的体现。教学时，老师应有提升科学素养的意识，寻找学科知识与科学教育的结合点，以培养求实与创新为目标，融合培养孩子的科学精神、科学思维、科学方法，立足本学科做好科学教育。如作文教学中，把科学课上"惊奇的发现、失控的实验、欲罢不能的挑战、来之不易的成功"讲出来，不仅可以增强学生的科学素养，还提高了表达技巧。

优化科学教育课程设置

在开齐开足上好科学课的基础上，应盘活引入资源，优化科学教育课程体系，满足孩子多样化的学习需求。开设跨学科主题的学习研究，如基于项目学习、问题学习的 STEAM 课程等，让知识转化为应用，凸显横贯能力的培养。开设个性化的社团，如创客空间、高研实验室等，让孩子在自主参与中，主动探索，自我成长。还要开发设计具有"科学味"的实践活动，让他们在真实的情境中带着问题研究项目，运用已有知识，开展探究活动，发现解决问题，建构运用知识，在做中学、用中学。

整合社会资源协同育人

学校所占的科学资源是很有限的，需要积极主动寻求利用校外资源，充分调动、整合社会力量长期、深入、高效地支持学校教育，以课程的形态形成校外科学教育资源目录清单，构建起全方位、立体式、多渠道的科学教育新样态。通过高质量、系列化、分层级的"请进来"（邀请科学家到校讲座，激发兴趣，点燃学生激情），"走出去"（组织孩子到博物馆、大学实验室、科普中心等场所开展科学体验探究活动）等形式，让孩子到课堂之外的广阔社会实践中习得知识、培养思维。

变革评价方式科学赋能

评价促学，评价优学，研制小学生科学素养评价标准，运用基于"证据中心设计"的理念，探索建立校内校外学分银行微认证体系，建构起全面反映孩子科学知识、技能、思维与意识的全息智能评价图谱。既要可测评科学知识与技能掌握的情况，又可衡量科学精神等内隐思维。改变传统的纸笔测验，借助智能化教室等信息化设备，运用机器学习、深度学习等算法，全过程收集数据，多维度地分析相关信息，形成孩子的科学素养发展轨迹、自画像以及培养路径规划，进而制定解决策略，以便及时适当干预，提升孩子的科学素养。

观照情绪，"童乐"其中

学校要温情，教师要温暖，家庭要温馨，让孩子在童年的时光里快乐幸福地成长。

童年是缤纷多彩的，也是无拘无束、无忧无虑的，似一阵婉转而清脆的笛声。快乐发于内心，是本心的投射。快乐的童年，能让孩子自信满满。

而现在的学生却缺乏童真。成堆的作业，压得他们喘不过气；无序的竞争，混乱了他们的视野。焦虑、抑郁等情绪在小学生中已有体现，心理健康问题日益突出，改善心理状况迫在眉睫。

让孩子摆脱消极获取积极成分，让他们在童年的时光里快乐成长，这不仅可以促进孩子身心健康，提高孩子的学业成绩，提高生活满意度，还可以减少孩子的心理疾病、反社会行为等。

学校要温情

学校是育人场所，担心、羞愧、失望是难免的，尴尬、厌烦、惆怅司空见惯，喜悦、自豪、希望也常有之。未来学校应培养有认知、理解与调节情感能力的"完整的孩子"。学校应营造安全的、温暖的校园氛围，培育积极、健康、向上的校园文化。还要注重老师、家长、社区以及学生之间的互动，构建良好的师生、家校等关系，营造互相信任、合作的学习环境。开设专门的社会与情感能力的独立课程，也可以通过跨学科融合、学科渗透的方式来实现，引导学生自主学习和主动体验。在此基础上，组建家长与家长、老师与家长、老师与学生、学生与学生、学校与社区的发展共同体，建立促进学生身心发展的支持系统。

教师要温暖

教师应提高自身幸福感，以快乐感染学生，做好榜样示范。教学中，教师应以学生为中心，善于抓住教育时机，采用合作学习、讨论交流等形式，增强学生的主动性，不断强化学生的积极行为。设立"情绪角""解忧篮"，充分利用晨会、班会等，帮助学生消除烦恼，教会学生情绪管理。鼓励引导学生参加集体活动，善于合作，多与伙伴互动，学会解决冲突，建立良好的人际关系，培养积极的心理品质。阅读是能随身携带的"情感避难所"，教师应引导学生多读书、读好书，让他们写周记或日记，记录积极事件；还要带领学生投身社会实践，参与公益活动，通过利他行为获得内心的充实与快乐。

家庭要温馨

家是温暖的港湾。当下，一般电子产品是孩子的标配，但因其过度依赖这些东西，常常缺乏与家人的正常互动。父母应尊重孩子，用心倾听孩子的感受和需求，适度让孩子宣泄负面情绪，与孩子建立密切的亲子关系。应培养孩子良好的生活和学习习惯，促进秩序感和平衡感的形成。应理解和接纳孩子的情绪，多鼓励少批评，不吝啬肯定，合理表扬与惩罚，引导孩子正确表达情绪，有效管理情绪。积极带孩子参与志愿服务，让孩子在帮助别人中获得价值感。允许孩子冒险犯错，帮助他们适应变化，给他们独立面对和解决问题的机会，有效增加孩子的幸福感。

生活场就是最好的劳动场

> 劳动教育是"五育"融合的重要基石，应把孩子放到生活的场域中，从他们的真实需要出发，从生活中的小事做起。服务自我，服务他人，服务集体，把生活场变成最好的劳动场。

陶行知先生曾说"生活即教育"，把孩子放到生活的场域中，让其接受生活的洗礼、社会的检阅，能帮助孩子成长。

劳动教育能打好"人生的底色"，它不是孤立、割裂存在的，而是"五育"融合的重要基石。如若将其植入生活，贯穿于孩子成长的过程中，让孩子动手实践，在"做中学""学中做"，不但能提高孩子的劳动技能，更能培养他们的劳动观念以及热爱劳动的品质。

当下的劳动教育开展得如火如荼，很多学校想方设法地拉项目、跑资金，"圈地"搞"小农园"，种谷物养鸡鸭，"分房"建"木工坊"，摆木块搭房屋……好一片繁花似锦之象。但扪心自问，种稻养畜的真是学生吗？精致漂亮的房屋模型全是学生制作的吗？学生是不是只经历了组装的"片段"呢？类似于这样的"假劳动""运动式劳动""敷衍性劳动"，不仅没有达到劳动教育目的，反而会有副作用。

孩子大多生活在校园与家庭这种空间中，应从他们的真实需要开始，让他们从生活中的小事做起，服务自我，服务他人，服务集体。培养他们自己的事情自己做、别人的事情帮忙做、大家的事情积极做。实现日常化、真情境、系列化的真劳动，把生活场变成最好的劳动场。抓住生活中的教育契机，梳理劳动教育清单，以低起点、做小事、系统化的课程设计方式梳理各年级的劳动课程内容，探索从点状到长线再到网状的生活课程，开展生活化教育。

班级课程

美化班级时，可以充分放手让孩子自主设计、动手分工合作。要为班上的每位同学设置合适的劳动岗位，如多媒体管理员、电灯管理员、窗帘管理员、图书管理员等，一人一岗，竞聘上岗，每周过程评价，每期岗位述职。把教室卫生分配给每一位学生，每人认领"一平方米"，随时进行保洁，做到"守土有责、守土尽责"。每天下午放学前进行整理，把自己的书包、课桌等整理好，并开展"整理比赛"，增加孩子的劳动意识，培养孩子的自理能力。

校园课程

划分原来由清洁阿姨打扫的廊道、庭院等公共场地，设立班级责任区，实行卫生包干。坚持"每天一小扫，每周一大扫，随时要保洁"，教育孩子"见垃圾主动捡"，营造干净整洁的校园环境。将学校的花园以"竞标"的方式公开"出让"，每班承包一片"责任园"，让孩子们手脑并用地规划、布置、管理。设立"送报小分队"，将学校或老师个人订阅的报纸杂志交由孩子们打理，每天中午时分进行分发、送阅。还可以让孩子们分班分批地到食堂帮工，参与择菜、洗碗等。制定"校园卫生质量认定标准"，把日常管理制度化、标准化，提高劳动教育的质量。

家庭课程

家长首先应指导孩子做好个人清洁卫生，包括常洗澡、穿戴整洁等。还要指导孩子做好自己，如系鞋带、叠衣服、护理花草等。开展家庭劳动"七个一"工程，即早起"叠好一床被子"、晚间"整理好一张书桌""收拾好一个书包"、周末或假期"学做一道美味菜肴""洗干净一件衣服""打扫一次厨房""清洁一次厕所"，引导孩子在劳动中自我规划、自我管理，让孩子在真实的劳动情境中增进技能、收获喜悦。

每天一节体训课

将大课间改为"体训课"。以课程为统领，以强身健体为目的，以项目为抓手，以测促练为手段，增强趣味性、实效性，培养锻炼习惯，提高身体素质。

近几年，我国学生的体质健康总体得到改善，但还存在一些问题。中国教育科学研究院体育卫生艺术教育研究所所长吴键分析道："学生耐力、力量、速度素质下降是 3 个老问题，超重肥胖、视力不良、姿态不正是 3 个新问题。"试图改变当下的困局，需要转变传统的单一的体育课一统天下的"线性结构"，重新构建立体化、多层次的网状结构的课程体系。大课间是其中的应有之义。

时下的大课间，多数学校几乎安排的都是重复、机械地做相同的广播体操或韵律操。形式化、表演化倾向较为严重，学生兴趣不高、出工不出力甚至厌"做"。运动量不足，运动负荷过小，运动技术也无法提高，难以增强体质。再加之一些偏远或大型学校受师资、场地或资金的制约，或因下小雨不出操，或因天气稍热不出操，或因考试等不出操，或因场地不够各年级轮流出操，甚至有些老师因"怕晒黑了"拒绝出操，或出操打伞等，把大课间活动摆在可有可无的位置。

针对时弊，理当改革。为落实国家"享受乐趣、增强体质、健全人格、锻炼意志"的要求，切实增加大课间体育活动的趣味性、实效性，帮助学生培养锻炼习惯，提高学生身体素质，引导学生将体育锻炼当成一种生活方式。应大刀阔斧地对大课间进行改革，改设为"体训课"。

体训课属于由学校自主开发、自我管理的校本课程。对健全学生心理和完善学生人格、提高学生社会适应能力、创新能力、社交技能、竞争意识等有着重要的价值和作用。应建立以课程为统领，以强身健体为目的，以项目为抓手，以测促练为手段的一系列运行机制，确保体训课程有序有效实施。

运动时长由 30 分钟改为 40 分钟，一为增加锻炼时间，二为统一学校铃声管理。将统一出操优化为分年级段、错时出操，如第三节课为第一学段锻炼时间、第四节课为第二学段锻炼时间、第六节课为第三学段锻炼时间等。遵循学生身心发展的规律，根据学生的年龄、性别、健康状况，根据学校的体育基础、场地器材等情况，有针对性地选择、编排以柔韧、协调、力量、速度、耐力等为主的训练课程。大致分为"队列队形、团体韵律操、体质健康测试、专项运动项目"四个部分。师生全员参与、共同运动，老师不当"监工"，全过程由音乐指挥。其中"体质健康测试"为落实《国家学生体质健康标准（2014 年修订）》《学生体质健康监测评价办法》等系列文件，抓早抓小，不搞假数据，促进学生人人达标、多数优秀。"专项运动项目"为落实"帮助学生掌握 1 至 2 项运动技能"要求，挖掘学校与地方的特色，并与传统体育运动结合起来，开设足球、篮球、排球、乒乓球、羽毛球、网球、田径、武术、冰雪运动等项目，实行分层、分项目走班，引导不同年龄段的学生逐步找到自己适合并喜爱的项目，做到因人、因地开展训练活动，享受体育锻炼带来的乐趣。

尊重学生个性，关注学生差异，通过"体能＋技能"的基本评价导向，以"达标＋诊断"为主，从"课程参与、体质健康、专项运动技能"三个维度，以"过程为主、综合为辅、增值为要"的评价方式，制定科学可行的评价办法。课程参与着重考查学生的出勤、态度、参与程度等。构建体质健康水平"日测—评估—反馈—干预—保障"闭环体系，在教室文化墙上张贴"学生体质健康成长记录图"，详细记录学生"日测"的成绩，每月进行更换并反馈给家长。学期末实行"色卡评价"，红卡代表优秀、黄卡代表良好、绿卡代表合格、蓝卡代表不合格。专项运动技能评价包含技能测试和小组对抗赛两个方面，分项目建设"专项运动技能标准"，如"小学男子足球运动员技能测试标准及要求"等，每天开展训练和测试，并有针对性地提出训练计划。每天安排一次小组对抗赛，把学练赛评结合起来，将其结果纳入评价体系。

多彩课后服务助力快乐成长

课后服务中，实行分层教学，让"基础"更牢固；人人有社团，天天有活动，多彩课后服务助力快乐成长。

课后服务是一项惠及千家万户的民生工程，解决了"三点半"学生"无人接管"的难题。据有关报道显示，全国近九成学生自愿参加了课后服务。该服务实施三年，网民的争议声从未间断，有点赞说好的，也有建议取消的。就我所在的学校来看，参加延时服务的学生也在逐年减少，家长的满意度在降低。究其原因，大多是由家长们"有人带孩子"的要求，转变到对高质量教育的需求，以及对现行延时服务质量的不满所导致的。

"双减"背景下，课后服务是好事，我们应把好事办好。提高学校课后服务水平，满足学生多样化需求，这是学生之愿、家长之需、国家之信。当下大多数学校的做法是以现行行政班为单位，由该班教师辅导孩子完成家庭作业，之后部分被音体美科教师选上校队的学生参加兴趣特长班，其余的继续写作业或阅读。学校将课后服务经费当作福利发放，讲求"大平，小不平"的原则，经费分配中工作量占比多，开课质量占比少，甚至不考核教学质量。这样的做法存在诸多问题。

一是课程开设单一，部分学校简单认识"基础＋特色"，未充分挖掘资源，未开设特色社团课程，只有传统的绘画组、篮球组、足球组、合唱团等。不足以满足学生的多样化需求，从而导致学生参与的积极性不高。更可怕的是，很多学生由于学业、爱好等原因，没有加入社团活动。

二是内容形式单一，作业辅导占主要地位，且题目几乎相同，无法因材施教。学优生动作快，完成后"放羊"、无所事事，白白浪费时间，滋生了坏习惯。学困生稍迟缓一些，且"卡壳"点也不一样，教师难以指导。也有教师尝试布置分层作业，但辅导时不能很好地兼顾学优生与学困生，培优辅差的效果不明显。

三是质量考核单一，质量是学校的生命线，课后服务也是如此。大多数学校没有建立与之相适应的激励措施，没有形成完善的考评体系。考核内容仅限于老师是否缺岗、工作量多少，未对课后服务课程开展情况、效果、满意度调查，也未将课后服务经费分配与之挂钩。

施行分层教学，做到因材施教

强化年级学科组集体备课的力度，同年级同学科实行"进度一致，作业一样，分类分层"措施。课后服务辅导作业时，按学科统一安排时间，年级内按学生对知识掌握的情况，开展分层辅导。针对学优生，在完成统一作业的同时，或举一反三做变式训练，或进行拓展练习；面对学困生，先补齐知识短板。既让学有余力的学生"吃得饱"，又让基础薄弱的学生"吃得了"。此外，任教老师均应了解作业之难易、耗时、易错点，让作业设计更具针对性和实效性。

人人都有社团，天天均有活动

尊重学生的兴趣，发展学生的特长，为每一个学生尽可能提供他们喜欢的特色课程。根据学生的需求，构建"基础＋分层""校内＋校外"的课程建构体系，可以开发相应的体育类（如轮滑、排球等）、艺术类（如蓝染、篆刻、阿卡贝拉等）、益智类（如象棋、数学文化等）、科创类（如编程等）、实践类（如农耕、厨艺等）课程；可以将课堂延伸到校外，挖掘本土教育资源，让学生走进科技馆、博物馆、消防队、气象站、污水处理厂、食品园区、名人故居等场地开展实践课程；还可以联合社区开展公益活动、义务劳动等综合课程。每天保证社团活动 1 小时，拓展学生的学习空间，激发学习热情。

注重课程实效，开展评价考核

构建课后服务课程评价体系，加大考核力度。学生方面，可以从出勤、"前测—后测"提升度等方面进行，创设达标晋级评价机制，搭建多种多样的展示交流平台，如社团展演等。建立学生成长档案，整理照片、视频、文字记录等成果资料，统一储存，期末发送给学生及家长。课程方面，所开课程必须建立章程，明确课程目标、内容、实施方案、评价体系等，尽量合乎学生需求。建立课程审查机制，严格审查程序，让专业的教师做专业的事，不合格的课程坚决不予"上架"。教师方面，制定"课堂教学评价量表""课程效果评价卡"，从学生提升度、课程满意度、常规达标度等维度进行考核，与延时服务经费挂钩，打破"吃大锅饭"的思想，并拉开一定的差距。

杜绝"少数人赛、多数人看"

构建"全员的""有趣的""融合的"新型运动会。本着"有赛无类，赛教结合，家校融合，学科融通"的原则，让校运会成为素质教育的"展现地"、体育教学的"试金石"、德育教育的"大舞台"、学科融合的"会师地"。

《义务教育课程方案（2022年版）》强调要"面向全体孩子，因材施教"，传统的以竞赛为目的的运动会已经不再适合当下。因为这种选拔式的赛制下，只有个别身体素质好、体育技能突出的孩子才有资格代表班级参加校运会。有的孩子可能会一连参加三四项，赛跑有他，跳高有他，投掷还有他；可有的孩子一项都没有参与，只能眼巴巴地观赛或充当啦啦队员。

为避免校运会成为个别孩子的运动会，更避免许多孩子"上了十二年学，一次运动会的比赛都没参加过"的尴尬局面再现，我们应构建"全员的""有趣的""融合的"新型校运会。本着"有赛无类，赛教结合，家校融合，学科融通"的原则，通过"全员发动、小项目赛制、大集体参与、孩子自主管理"的模式，让校运会真正成为素质教育的"展现地"、体育教学的"试金石"、德育教育的"大舞台"、学科融合的"会师地"。让校运会成为全员的"盛会"。

生生动起来

校运会是大家的，"全员性""普惠性"是校运会的重要标识。我们应将组织形式由个别参与转向全员参加，不管运动能力强弱、水平高低，每一位孩子都有参赛项目，且争取每位孩子都能参加3~5个运动项目。

校运会可以设置体测类、竞技类、趣味类等形式多样的运动项目，根据不同学段孩子的情况，调整运动技术的难度，并按照标准或竞赛规则赋分。体测类、趣味类人人参加。竞技类项目与日常体育课教学内容相吻合，每个班的孩子根据其运动水平，都以大致相等的人数组成红、黄、蓝三支队伍，戴相应颜色的运动帽，与同年级戴同颜色运动帽的孩子进行比赛。

这样一来，每位孩子都能与同年级的同学一起赛速度、竞高低、比灵巧，展示自己的能力。也可以和同学一起，互相配合，奋勇拼搏，激发团结奋进的团队精神。

科科融进来

校运会不仅仅是体育性的赛事，也不仅仅是体育组的事情。以"全面性""学科融合性"为指引，把思想教育、学校文化和体育竞赛有机融合，让每个学科都被带动，让校运会成为学校的盛典，成为校园文化精彩的一笔。

校运会是培养孩子优秀品行的教育场，在比赛中，养成规则意识；在呐喊助威中，产生强烈的归属感和集体荣誉感。

此外，还可以围绕校运会主题，征集会歌、会徽、海报等。把体育精神、体育文化融入美术展览与作文比赛中，促进体育与音乐、美术、语文等多学科的融合，达到综合育人的效果。

家校一起来

校运会既是学校的，也是家长的。打破以往学校闭门开运动会、家长扒在围墙外观看的模式，依照"社会性""互动性"的观念，主动向社会开放，邀请家长进校园，和孩子一起参加运动会。这样，校运会既是体育盛会，又是学校的开放日。

把校运会从校园封闭式向社会开放式转变，要求每个孩子都邀请自己的家人观看运动会，特别是观看自己的比赛，让家长了解孩子的学校生活，为其呐喊助威，见证孩子的成长，一起分享运动的快乐。

开设师生合作项目，让孩子欣赏老师的精彩时刻，也让孩子感受老师给予的力量和鼓励，增进师生间的感情；开设家长参与项目，让家长有机会展示自己的体育技能，也让孩子欣赏父母的技能。开设亲子项目，感受亲子间的温暖，增进彼此的感情。

仪式教育须有"教育味"

教育需要仪式感，在注重教育形式的同时，更要注重其背后的教育价值。

近年来，随着自媒体的蓬勃发展，每逢开学季，开学仪式的推文、短视频充"爆"朋友圈。点击一看，气充门、横幅、红地毯、文化墙……目不暇接，好不热闹，可谓"仪式感满满"。"热闹"过后冷静一想：应景的图文却冷冰冰的，没有温度，更没有温情。教育需要仪式感，它的感染和教化作用更能放大教育的影响力，促进孩子心灵成长和生命绽放。但，在注重教育活动仪式的同时，更要注重仪式背后的教育价值。

首先是教育性

教育无小事，事事皆教育。作为教育者，要避免直白浅露、简单粗暴的说教，善于捕捉教育契机，让发生在孩子身边的一切都"为我所用"，相机进行教育，会事半功倍。仪式是学校教育的重要载体，其体验感、意义感对孩子的心灵会产生深刻持久的影响。所以，对待仪式不能草率，而需直指教育目的，精心设计，赋予教育意义，实现教育价值。如开展清明扫墓，不能简简单单地带孩子去献花、默哀就了事，而要事前做足铺垫、事中严肃认真、事后及时总结。事前，充分收集所祭扫陵园的简介、烈士的照片、音视频、事迹等资料，将资料整理成学习资源包，印发给孩子，并通过独立自学、班会交流等形式，让孩子通过学习资源对烈士产生敬佩之情；事中，营造庄重严肃的氛围，通过自制小白花、集体默哀、重温入队誓词等活动，让孩子现场参与，激发孩子的爱国之心；事后，复盘全过程，通过口述交流心得、书面表达决心等形式，让孩子盘点总结，激发孩子的报国之志。

其次是互动性

教育不是单方面的事，须打破单向度，走向双向度，这就需要良好的互动。教育的过程，实质上就是互动的过程。没有好的互动，就没有好的教育。互动的形式有很多，有师生间的、生生间的、孩子与文本的、孩子与现实世界的，等等。孩子是仪式活动的主体，是受教育的对象，教育效果在一定程度上取决于与孩子互动的程度。如 3 月 5 日——学雷锋纪念日，若仅仅是会上讲一讲、台上演一演、板上展一展雷锋故事，这种过于死板、走走过场的教育仪式，不仅起不到预期的教育效果，反而会引起孩子的强烈反感。如若开展"争当新时代雷锋"主题实践活动，采取"听雷锋事迹""说雷锋思想""读雷锋故事""写雷锋日记""做时代先锋"等形式，不但丰富发展了新时代"雷锋精神"内涵，还让孩子在寓教于乐中得到成长。

再次是日常性

教育具有复杂性、长期性和艰巨性，不是一蹴而就的，也不会立竿见影。须抓小抓早、抓常抓长，需要将教育融入孩子学习生活的方方面面、分分秒秒，反复抓、抓反复。从日常做起，需要引导孩子的一举一动，规范孩子的坐立行走、听说读写，训练孩子的蹲跑跳投……实行制度约束，榜样引领，在生活中教育，在教育中生活。很多学校，重视大型仪式，如入学礼、"六一"、元旦等，而轻视日常仪式。如每天清晨的校门口，若接待的师生面无笑容、板着脸，孩子一进校就看到这副脸孔可能一整天都是沉闷的。再如领奖仪式，领导怎样颁奖？孩子怎样还礼？还礼时，是行队礼，还是鞠躬、点头、握手、说谢谢？这些看似"鸡毛蒜皮"的小事，在孩子的生活中都是大事，需要站在儿童的立场上，认真对待，及时教导。

开好"三个会"：主题校会、集体班会、家庭会议

开好"三个会"：主题校会、集体班会、家庭会议。构建校家社协同育人的局面，不断增强育人工作的时代性、科学性和实效性。

《义务教育课程方案（2022年版）》正式发布，文本不足万字，但"育人"一词竟出现19次之多。"育人"是教育的生命和灵魂，也是教育的本质要求和价值诉求。回答好"如何育人"的问题，正是我们当下应尽之责、应做之事。

育人是一项系统工程，其主体是多元的、方式是多种多样的，渠道也各不相同。长期以来，教育教学中"各吹各的号，各唱各的调"的现象时有发生，如何解决"相互打架"，形成各环节同题共答、各主体同向发力的育人工作机制，推进立德树人根本任务落地落实落细的问题亟须解决。我们应树立"一盘棋"的系统理念，构建校长、教师、家长协同育人的机制，突破"上热下冷"的困局。

学校承担着育人的关键角色，是育人的主渠道。校长应该统揽学校的教书育人工作，从"大处着眼、小处着手"，立足"国家要求的、时代追求的、学校渴求的、孩子需求的"四个维度，以"培养有理想、有本领、有担当的时代新人"为目标，重构"五育"课程体系，构建"期重点、月主题、周小事"教学体系，开发以孩子为主体、适应时代发展需要的学习资源，不断增强育人工作的时代性、科学性和实效性。如确定"礼仪习惯养成"为"期重点"，下分"个人礼仪、家庭礼仪、学校礼仪、社会礼仪"四个"月主题"，每个"月主题"下以周为单元聚焦训练一件"周小事"，促进孩子行为习惯的养成，如"个人礼仪"主题月下，训练养成"讲究卫生""穿着得体"等习惯。

这些举措的落实，需要平台和抓手，在小学教育中应开好"三个会"，即主题校会、集体班会和家庭会议。形成齐抓共管的强大合力，激发全员育人的新活力。

主题校会

由学校的学生成长研究院负责组织，每周一上午举行，按计划围绕"周小事"组织相关资源设计课程。隆重的升旗仪式后，孩子们以话剧、舞蹈、相声、小品、诗朗诵等形式演绎发生在身边的小事，师生们或因嬉笑而表扬一番，或因责备而瞪大眼睛，或因关切而询问一通，用身边的事教育身边的人，体验着"小事情"产生的"大能量"。接下来，学校大队部向全校同学发出如"请用'您好、谢谢'等礼貌用语"等"周小事"倡议。会末，校长根据本周主题进行国旗下讲话，并为上周榜样颁发奖状。

集体班会

由各班班主任负责组织，每周一下午举行，可以是年级统一的，也可以是班级自主的。围绕本周的"周小事"倡议，以问题为导向，同年级的班主任们集中筹备班会课，挖掘各学科隐含的德育资源，通过情景模拟、角色扮演、及时讲解等形式，注重教育形式的多样化，确保教育性、趣味性、递进性与时代性相统一，让孩子在生生之间的活动中、师生之间的对答中有所"悟"、有所"感"，并遵照"行"。采用半扶半放的方式促进孩子自我探索，进而自我了解、自我肯定与发展，有效达成教育目标。

家庭会议

由父亲或母亲负责组织，可以在每周日晚上进行，根据家庭成员的年龄和能力水平轮流主持会议、记录会议做出的决定。其议程为：家庭成员间相互致谢、继续解决上周家庭会议没有解决的老问题、解决本周出现的新问题、总结本周"周小事"达成情况并对未解决问题提出解决办法等。需要注意的是：第一，会议前，要把会议议程贴在大家都能看到的地方；第二，在变更一项举措之前，需要全家人一致同意；第三，可以用头脑风暴的方式提出解决问题的办法，并从中挑出一个试行；第四，会议中每个人都专注于解决问题而非责备别人。这样，孩子在家庭成员的爱与关怀中反思行为，在家校的紧密配合中修正行为，确保了家校之间目标一致、同心协力、共同育人。

一年级适应期，我们应该做些什么？

"幼升小"应设置衔接课程，开展入学适应教育，减缓衔接坡度，让每个孩子都能适应小学。

2021 年，国家正式发布了"双减"政策，明令要求"积极推进幼小科学衔接，帮助学生做好入学准备"；同年，教育部出台了《关于大力推进幼儿园与小学科学衔接的指导意见》，要求把一年级上学期作为幼小衔接适应期，实施与幼儿园相衔接的入学适应教育，减缓衔接坡度，帮助孩子顺利完成从幼儿园到小学的过渡。

新政全面实施以来，幼小衔接工作得到了一定的加强和改进，但情况还不容乐观。主要表现在：一是幼儿园很热衷，而小学淡然。幼儿园和小学相对独立，各有各的教学体系。幼小衔接中，幼儿园处于主动地位，多是老师带着孩子参观一下小学校园，或进行一些课程体验，便鸣金收兵、草草了事。这种"一头热""单向度""形式大于内容"的衔接，最容易出现合力不够、互相脱节等问题，更容易产生"小学化"倾向。二是家长盲从，而老师不悦。一些家长仍然信奉"考分为王"，加之一些教培机构贩卖焦虑，于是家长趁着暑假给孩子报名参加各式各样的辅导班，如"幼小衔接班""拼音班""写字班""奥数班"等，希望孩子"不要输在起跑线上"。然而小学老师却不领情，因为一个班有的学生学过、有的学生没学过，锣齐鼓不齐，实在不好开展教学。

要提高思想认识，树立正确的幼小衔接观念。对于孩子而言，从幼儿园进入小学，确有诸多不适应，如学习时间的延长、学习课程的增加等，这些都是考验。适应与否，在一定程度上决定着孩子今后对学校生活的态度和情感，并影响将来的学业成绩和社会成就。作为小学一年级的教师，应摒弃以前惯用的"边养习惯，边教新课"，或集中一两天"压"行为常规等做法，而以问题为导向，心系学生，尊重其年龄特点和学习发展规律，转变让孩子被动适应学校的观念做法，调整一年级的教学方式，最大程度消除孩子的陌生体验，促进孩子以积极愉快的情绪投入小学生活。家长们也应放下焦虑，改变"起跑线抢跑""超前学习""超标学习"的心态，积极配合学校，实现家校共育，而不应"另起炉灶，自寻出路"。

要设置衔接课程，科学有效地开展适应性教育。幼儿园与小学在教育的目标、方式等方面都存在很大的差异，以往的教学中，小学更加注重知识的传授与拓展，而忽略了孩子的情感发展与变化，更加注重依据教材"按部就班"教学，而忽略了孩子已有的起点，更加注重学业成绩，而忽略了孩子对教学方式的抵触，从而导致孩子的学习压力剧增，积极性不高，甚至产生厌学心理。作为小学一年级的教师，应充分考虑儿童的心理需要，基于现有发展水平，以身心适应、生活适应、社会适应和学习适应为目标，以教育部制定的《小学入学适应教育指导要点》为内容，采用生活化、实践性和游戏化的方式构建"幼小衔接课程任务群"，围绕孩子进入小学所需的关键素质，促进孩子身心全面适应。

一是创设衔接性的入学课程，延续幼儿园的某些区角，提供一定数量的童书、操作材料等，使其外观上与幼儿园差别小。开学第一天，举行隆重的"入学礼"，让孩子牵着爸爸妈妈的手踏着红地毯走进校园，并通过手印等方式建立归属感。开展"校园寻宝"活动，让孩子找到校园中各个公共设施的位置，熟悉校园环境，消除陌生感。二是开设衔接性的养成课程，利用地方课程、学校课程和综合实践活动等课时，组织开展入学适应性养成训练。开设"我与自己"课程，引导孩子认知自己的情绪、兴趣、爱好等，适时调节，合理表达，笃定坚持。开设"我与老师"课程，让孩子了解教师的脾性，同时也让老师了解孩子的性格特征，建立亲密的师生关系，从而增进师生亲近感。开设"我与同学"课程，创造交往机会，让孩子找到小伙伴，引导互帮互助、协商解决冲突。开设"我与班级"课程，帮助孩子理解并遵守小学规则，引导自主制定班级和活动规则，让孩子感受集体生活的快乐，帮助其逐步融入新班级，增强集体责任感。另外，还要组织常规训练，内容包括入校、离校、队列、课堂、课间、喝水、如厕、吃饭、作业、整理、安全、卫生等篇章，以常规儿歌或童谣为载体，通过循序渐进的训练促使孩子养成良好的行为习惯。三是开设衔接性的主题课程，围绕"认识学校""认识老师""认识同学"等主题，挖掘各学科中的衔接点，整合学科教学开展主题学习，让一年级新生真正融入小学校园，开始小学学习生活。同时，改变讲授式的教学，强化孩子的探究性、体验式学习。注重个体差异，有针对性地为每位孩子提供个性化的指导和帮助。

要改革评价方式，让每个孩子都能适应小学。评价是很重要的一个环节，幼儿园与小学的评价方式也有很大的不同，应充分考虑孩子的现实状况，让评价形式适合孩子，让每一个孩子感受到接纳和关爱。一是评价内容上，评价学生时要从注重学业成绩的单一维度转向行为习惯、入学适应等多维度并重的综合素质评价；评价教师时重点聚焦"是否熟知学生的身心发展状况和特点"；评价课程时主要看是否能有效帮助孩子适应小学生活。二是评价主体上，变"以任务为中心"为"以学生为中心"，强调评价主体的多元化，精心设计"一年级入学课程评价手册""好习惯培养追踪手册"，开展教师评价、自我评价、同学互评、家长评价、社会评价等融会交互、立体贯通的形成性评价。三是评价方式上，以激励为主，充分激发孩子的内驱力。采取及时点评、每天小评、一周展评等形式，开展"听课星、整理星、用餐星"等榜样评比，用评价的力量促进孩子行为习惯的养成，使其更快地适应小学生活。

给男孩加点"钢"

> 战场的硝烟可以熏陶出钢铁般的军人，而生活的大熔炉则可锻造出男子汉。把男孩交给规则，把男孩交给挫折，给男孩加点儿"钢"，把男孩培养成真正的男子汉。

"男子汉"这个称谓，得名已久。汉武帝时，勇猛的西汉士兵，被匈奴人称为"汉子"或"好汉"，人们把"男子"和"好汉"联系起来，组成"男子汉"一词。这是一种褒义的称谓，其特点可概括为具有"强壮的体魄""宽广的胸襟""顽强的意志""坚毅的品格"以及"英勇无畏"的精神。

时下，课堂上，不少男孩的声音犹如蚊虫叫，就连同桌也听不太清。生活中，有些男孩说话奶声奶气的，受点小伤则大喊大叫。评比时，优秀名单女孩占了一大半，男孩却寥寥无几……

究其原因：一是一些影视作品、娱乐节目的过分炒作，导致孩子们崇拜偶像明星，而不喜欢英雄豪杰，异化了模仿偶像。二是孩子的身边女性付出过多，潜移默化地受到影响。三是家长呵护过度，包办太多，不够放手，孩子缺历练，担当能力弱。四是现行的教育评价机制，多以"表现乖""听话懂事"为标准，缺乏针对性，抑制了男孩的个性发展。

战场的硝烟可以熏陶出钢铁般的军人，而生活的大熔炉可以锻造出男子汉。通过一次又一次、一轮又一轮的烈火考验、风霜洗礼，最终让小男孩变成顶天立地的大丈夫、担当责任的公民，乃至保家卫国的军人。

把男孩交给规则

爱与规则并行。男孩具有"野性"，如若引导不当，他们会成为"小霸王"，要教育他们懂敬畏、守规矩、强自律。让他们知道对长者要尊敬、对弱者要帮助，在公共场合有素养，谢谦之词挂在嘴边等，让他们拥有一颗独立、自信、善良、勇敢的心。体育是教规则、培意志、炼气魄的好课程，老师、家长都应鼓励男孩奔赴操场，踢踢球、跑跑步……让他们在运动场上展现力量，在团队协作中养成规则，在挥洒汗水中磨炼意志。

把男孩交给挫折

男子汉最需要历练，吃苦、挫折是最好的教材。要舍得用，要经常用男孩，不要太心疼，更不要把他们包裹起来。让他们去面对困难，自己解决问题，反复经历摔打，承受生命之重。开设男孩节，去徒步、爬山、露营等，充分释放他们的勇敢与坚强。也可以为他们开设专门的课程，让他们使用电脑、机器人，带他们做飞机、造火箭等，让阳刚之气从他们身上散发出来，真正成为有现代感的男子汉。

载于《德育报》（2024 年 1 月），有改动

家长要提高家庭教育胜任力

家庭教育应以建构适合家长"人人皆学，处处能学，时时可学"的课程新"图式"。满足家长育儿需求，帮助家长纾解育儿焦虑，改善每个家庭的育儿质量，提高家长家庭教育胜任力。

生活中，我们常把孩子有礼貌、有素质的行为称为"家教好"。家教，即家庭教育，是家长对孩子实施的引导与影响。有什么样的家长，就有什么样的孩子，孩子是家长的复印件。没有高素质的家长就很难有高水平的家庭教育，把家长教育好了，孩子也随之优秀。

自 2022 年实施的《中华人民共和国家庭教育促进法》明确要求："中小学校、幼儿园可以采取建立家长学校等方式，针对不同年龄段未成年人的特点，定期组织公益性家庭教育指导服务和实践活动，并及时联系、督促未成年人的父母或者其他监护人参加。"家长学校开展家长教育，培养合格家长，是时代之需、法律之规、群众之盼。

家长教育应坚持以家长为中心，以满足家长育儿需求，帮助家长纾解育儿焦虑，改善每个家庭的育儿质量，提高家长家庭教育胜任力为目标。但传统的家庭教育指导却存在着系统性不够、针对性不强、培训形式单一等问题，主要表现在：一是统一性大于差异性，所谓"家家有本难念的经""一把钥匙开一把锁"，时下的家长培训多是通识性的讲座，无法满足各种家庭个性化的需求。二是家长的起点不均衡，他们来自不同的家庭，受教育程度不一，成长环境也各异，经济和社会条件差别很大，在接受教育时已有不同的家庭教育经验，很难对教育内容做出统一规定。三是指导中缺乏实战，缺乏情境体验，所学的抽象知识难以转化为教育实践，导致家长教育的有效性不强。

家长教育属于成人教育，应充分尊重成人学习规律，不否定已有经验，而是丰富他们的"自我概念"，唤醒家长的学习动力，创新教学活动形式，围绕科普家庭教育知识和解决家庭教育问题两条主线，建构适合家长"人人皆学，处处能学，时时可学"的课程新"图式"。

科学设置家长教育课程

家长在家庭中扮演的角色比较复杂，他们既是"指导师"，需要指导孩子的学习与成长，又是"设计师"，需要营造良好的教育环境，设计良好的家庭生活，还是"关系师"，需要处理好夫妻关系、与学校和社会的关系、亲子关系等，所以科学设置家长教育课程尤为关键。学校应设立家长成长研究院，统筹规划家长成长课程，确立课程体系，设置成长课题。一是开设角色定位课程，帮助家长厘清家庭与学校的教育边界、父亲与母亲的教育职责、父母与其他家庭成员的教育任务等，明白自身教育角色，端正家庭教育动机和价值观，树立父母的第一责任人意识。二是开设教育技术课程，帮助家长了解和学习实用的心理辅导技术和工具，如正面管教、倾听艺术、沟通技巧、叙事疗法、绘画疗法等，分析孩子的行为，读懂孩子的心绪，培养孩子良好的习惯，密切亲子间的关系，提高家庭生活质量。三是开设自我修炼课程，帮助家长了解国家的教育政策，指导家长认同学校办学理念，协助家长凝练家教家风，引导家长提高自身修养，使家长形成稳定的人格特质，具备家庭组织管理能力，增强使命感和责任感。

有力实施家长教育课程

分别在班级和学校两个层面成立家长自治委员会，通过家长自荐、民主选举的方式产生自治机构，制定《家长共同体公约》《家长共同体运行规则》，让家长自我管理、负责日常运行。采取专家引领、家长分享、亲子团建和咨询问答等形式，以体验式活动为主，运用情境再现、角色扮演、教育工具演练等方法，组建家长社团、亲子社团、300名家长30天读3本家庭教育好书读书会等，每周开展一次活动。注重分层分类指导，既要根据孩子的年龄特征安排教育内容，又要针对不同的家庭（如单亲家庭、学困生家庭等）安排适合的教育内容。注重"规定＋自助"，统一安排合格家长应知应会的内容，通过菜单式、订单式的课程解决家长个性化的需求。注重成果提炼，搜集家长们在家庭教育中的有效经验、相应问题的解决办法，汇编成册，交流共享。

多元评价家长教育课程

充分利用大数据、互联网等技术开展多元的、精准的、专业的家长教育课程评价。一是对课程本身进行评价，每次课程实施之后，让参与家长完成课后问卷，及时了解家长的课程满意度，以及对课程内容、形式的建议意见。二是对家长角色进行评价，开发"合格爸爸""合格妈妈"评价标准，通过家长自评、家庭成员互评等方式，对家长进行评价，每学年开展一次大型表彰会，并开展榜样家长事迹报告会。三是胜任力提高评价，课程开发的目的在于提高家长的家庭教育胜任力，着重评价家长参与课程前后的变化，如自我定位的清晰度、教育方法的适切度等。家庭不尽相同，家庭教育也各有异，评价时不能用同一把尺子去度量所有家长，应量体裁衣，个性化实施。充分发挥好评价工具的"诊断、激励和发展"的功效。

立于课堂中间

　　学习力是核心竞争力，树立"素养之意""结构教学""以终为始"的教学理念。统摄课程体系，让内容结构化；重组教学内容，让教学深度化；重构教与学的关系，"教"让位于"学"，让教学贴近孩子的生活，让学生在真实的任务中走向深度学习。

提高学习力是教学目标之首

学习力是核心竞争力，决定着一个人能走多远。让内容结构化，可以梳理知识网络；让教学深度化，可以推动思维进阶。凸显育人导向，切实提高孩子的学习力。

这是一个充满竞争的社会，不确定性伴随着每一个人。未来唯一持久的优势，就是比谁学习能力强。只有持续学习，才能跟得上时代的步伐。唯有学习力，才能提升学习效率，它是决定一个人能走多远的核心竞争力。

当下的学习力培养存在诸多问题：一是考分惹的祸，"双减"背景下，老师及家长的教育观有了很大的改变，但根深蒂固的"以考分论英雄""为考而教""因考而学"的观念尚未完全根除，孩子们的学习目标被分数代替，孩子们陷入了"刷题""补习"的怪圈中，身心疲惫，透支激情，自我内驱力严重不足。二是教师包办多，传统的教学模式中，老师讲学生听，教师的思维替代了学生思维，貌似一呼百应、流程顺畅，实则师生角色错位、学生思维缺位。且教师所讲内容有时随意性强，针对性不够。三是效率不太高，教师没有课程意识，目标性不强，没有明确的教学逻辑与主线，致使教学质量不高。

新课标坚持素养立意，凸显育人导向。教学中应将零散复杂的知识用清晰的结构来呈现，促进深度教学，增强自我反思，切实提高育人效果，提升教学质量。

内容结构化，梳理知识网络

信息时代，缺的不是信息，而是组织。生活中，有人会发现，学了很多知识但遇到复杂问题时却无从下手，这是因为每项知识都只能单独解决特定的问题，知识之间没有系统、有序地组合成框架体系。学科内容不是零散、杂乱的，而是有结构、系统的。教师在教学中，应让学生对原有认知进行对接，再次建构，形成属于学生自己的知识体系。

教学人教版三年级下册《两位数乘两位数》时，学生已经在二年级上册学过乘法意义及表内乘法，在三年级上册学过多位数乘一位数，也将在四年级上册学习三位数乘两位数、五年级上册学习小数乘法。《两位数乘两位数》这一知识点在"乘法计算"中，是明显的转折点，起着承上启下的关键作用。在让学生弄懂算法算理的同时，更重要的是让学生在理解乘法意义的基础上，把教材前后连通，运用分与合思想，寻求整数乘法计算的通用方法，整体把握，把所学知识结构化，赋予课堂立体感，感受乘法运算的一致性。在学情调研中发现，大多数学生计算时想到了对第二个因数进行拆分，但按计数单位拆分的学生占比较小。教学时，应先在口算"两位数乘整十、整百、整千数"中初步感受计数单位的价值；接着层层递进出示"12×20、12×30、12×40、50×40"，再让学生迁移"由一个计数单位的数"变为"10 个计数单位为一组，一组一组的数"，加深学生对计数单位的理解；然后过渡到笔算，再次巩固按计数单位拆分法，并让学生讨论"乘法竖式中第二层末尾的 0 是否该写"，把口算与笔算结合起来，建立已有知识和新知识之间的联系；最后再拓展到"用乘法、除法两步计算解决实际问题"。

教学深度化，推动思维进阶

北京师范大学教授林崇德认为："教育的终极目的是培养思维。"教材中的"信息"是死的、冷冰冰的，把"死信息"转化成"活知识"，需要教师转变教学方式，从"关注教"走向"关注学"，让学生从"浅表学习"走向"深度学习"，亲身经历体悟，自主理解建构，孕育核心素养。

教学人教版四年级下册《小数的意义和性质》时，学生已经在三年级初步认识了分数和小数，根据教材编排应采取"先呈现整数（1），再利用平均分找出对应的分数（十分之一、百分之一、千分之一）及小数（0.1、0.01、0.001），然后了解小数的意义"的教学思路。但据前测数据反馈，两位小数与百分之几之间的联系，大多数学生已经能自己建构了。如若再依照教材来教，学生可能觉得索然无趣、食之无味。这时，应基于学生的已知，直接抛出"0.56 表示什么意思？ 0.56 与 0.5、0.6 有什么不同？"等问题让学生进入"悱愤"状态，倒逼学生回顾一位小数的学习经验，并在方格子上画出来，把两位小数和百分之几对应起来，引出两位小数的意义。接着，还可以让学生在被平均分成1000份的大正方体上涂出0.009、0.078、0.123，归纳总结得出"三位小数对应千分之几"，进而举一反三研究"四位小数对应什么分数"……揭示小数的本质，完整建构小数的意义，拓展思维边界，推动思维进阶，走向深度教学。

反思日常化，增强元认知力

能控制自己学习过程的人，学习效率和学习效果则会更好。元认知能力通过自我反思来掌控自己的思考和学习过程，及时发现自身的问题，从而采取一些方法和技巧来改进，以期达到提高学习质量的目的。

整理与复习课，常以"解题代替复习""概念堆砌代替整理""机械刷题代替素养培养"，致使教师任务重，学生怨言多。如若充分发挥学生的主观能动性，帮助他们系统整理归纳、自我查漏补缺、综合运用提升，不仅能提升知识的系统性，更能培养学生的元认知能力。在进行"圆"的整理和复习时，首先应穿点成线、串线成面、织面成网，既可以"圆的特征"建立知识点间的横纵向联系，又可以"圆的周长和面积比较"区别知识点之间的异同，还要重温把圆平均分成16、32、64等份数拼接成近似长方形的过程复习化曲为直、转化、极限等数学思想方法，让学生形成系统的认知网络。其次是错题诊断、错误归因、正本清源，从学生的错题本、老师收集的易错题和单元检测中的错题入手，如"半径为2cm的圆，它的周长和面积相等"等，组织学生分析、讨论、订正，寻求错误原因，达到查漏补缺的目的。老师再提取典型题进行分析指导，进而迁移应用，达成学一点懂一片、学一片会一面的目的。最后举一反三、尝试出题、综合练习，组织学生根据易错题、典型题，自己研发命题"三道题"（≥本难度、＝本难度、≤本难度），试着把单元知识与数学思想、知识巩固与实际应用、传统解法与创新解法融为一体，开展"我出题考考你"等活动，提高学生知识运用、解决问题的能力。

载于《德育报》（2023年11月），有改动

落实"大单元"教学 发展学生核心素养

教师要提升课程组织能力，以单元为组织单位，统摄课程体系，重组教学内容，理顺教学逻辑，让学生以"专家思维"构建单元知识体系，让学生在真正的任务中走向深度学习。

知识有其严密的体系、严谨的逻辑，然而在传统教学中，囿于教学时间、学生年龄等影响因素，我们不得不将知识点揉碎，导致学生得到的知识犹如散沙一盘，形难成，力难发。再加上有些教师授课仍以"碎碎念"式的讲述为主，学生被动地接受知识，重记忆、重背诵，轻迁移、轻应用，缺乏深入的探究体验，进而导致学习动力不足，学生对知识的理解不是全景式的，难以建构起新的认知结构，学科核心素养的培养也就成为一句空话。

素养时代，教师要提升课程组织能力，改变把"专家结论"碎片化、简单机械复制的行为。以单元为组织单位，统摄课程体系，重组教学内容，理顺教学逻辑，对章节进行统筹安排，让学生以"专家思维"构建单元知识体系，合成"少而精"的大思路，让学生在真正的任务中走向深度学习。

以终为始，逆向设计

单元逆向设计，是从"学习结果"出发确定教学目标，再围绕目标设计教学评价，进而基于学生最近发展区选择、重组教学内容。它打破了课时教学知识零散、断裂的局面，促进了核心知识结构化，更有利于激发学生思维、培养其核心素养。

教学中，应考虑"学生通过学习将学会什么？""牵引学习，打开学生理解之门的核心问题是什么？""可以用哪些评估证据来衡量学生的学习是否达到预期效果？""为达到预期效果，需要组织哪些教学活动？"通过抓住这四个"关键问题"，倒逼教师逆向思考，促进教学评一致。如在教学人教版五年级上册《多边形的面积》时，探索掌握平行四边形、三角形、梯形的面积计算公式，通过实验、操作、拼摆、割补等方法，解决一些生活中简单的实际问题；学会对图形进行分解，求出组合图形的面积；在探究中体验数方格与割补法的运用，得到"预想的学习成果"。引出学习的核心问题是"转化"。评估的证据是"多边形的面积在方格纸上被正确地数出来""多边形的面积推导过程可以被正确地叙述出来""可以用公式或分解等方法解决生活中的一些简单问题"。组织教学活动时，可以"先数（用数方格的方法数出面积）—再猜（利用方格图圈点勾画，提出猜想）—寻律（利用剪刀或学具，讨论转化方法，寻求一般规律）—解题（利用新知，解决生活中遇到的简单问题）。"这样，对单元和课时的知识逻辑、学生的认知和行为逻辑都做了充分的观察，对学生的意义建构、学习能力和解题能力也能起到促进作用。

以生为本，纵向架构

大单元教学强调从整体上理解部分，再从部分中归纳和理解整体，它能架起课程内容与学生核心素养之间的桥梁。教师在设计教学时，应站在学生的立场，立足整体设计教学，按照学习逻辑探索知识的集约化以及纵横之间的联系。

人教版三年级上册《多位数乘一位数》在"整数乘法"中至关重要，它是学生学习用竖式计算乘法，为后期笔算乘法奠定基础的起步教学。从教材的编排来看，涵盖了三个方面，一是口算乘法（整十、整百、整千乘一位数，不进位的两位数乘一位数），二是笔算乘法（不进位的两位数乘一位数，进位的两位数乘一位数，有关0的乘法，三位数中间或末尾有0的乘法），三是解决问题（用估算法解决问题，用乘、除法解决问题）。通过学情调研发现，一半以上的学生已经会列式计算，但在进位或连续进位时出错较多；接近一半的学生通过用乘法意义转化为加法、画小棒等非笔算的方法也能解决问题。经过归因分析得出：学生对算理还模糊不清，教材分裂不进位和进位，破坏了原本一体的算理。基于教材、学情的分析，需要以核心概念构建纵向关联的单元整合教学。一方面针对学生的难点（在进位和连续进位时常常出错），可以借助计数器，把抽象变直观，让学生理解口算乘法和笔算乘法在算理上的一致性。另一方面，整合不进位与进位乘法，将两位数乘一位数（含进位与不进位的）、多位数乘一位数（含进位与不进位的）各整合为一课时，将乘法本质贯穿整数乘法的始终，更有利于比较知识的内在联系，实现乘法的纵向架构，进而实施整体教学。

以思为要，简教深学

思维的发展是教学的价值，教师的责任就是培育学生的思维，学生学习的目的也是提高思维。在大单元教学中，教师要关注让知识本位的课时教学升华为素养本位的大单元教学，摒弃长篇大论，提倡在简练深学中引导学生从自觉、自主走向自为，让学到的知识运用到广泛的日常生活中去，提高学生解决问题的能力。

教学"数量关系"时，其本质到底是认识数，还是认识数量？其实都不是。在大单元视角下，本质应是在认识数量或数的同时认识数量或数之间的关系。数量关系具有一致性，指向的核心素养也具有一致性，应将这个核心概念贯穿于整个单元的教学之中。教学时，我们要让学生用可视化的工具呈现知识结构，把思考的过程显性化。如画"加、减、乘、除"关系等，让学生在成长的过程中，看得见，摸得着。让学生用图解、符号、文字等语言"说"出自己的所学所想。如"认识公顷"时，引导学生借助进率关系把面积之间的换算表达清楚，然后根据自己的认知水平，及时更正、弥补。关系也要理顺，比如教材中整数、小数、分数的分布不同，在"认数"教学时却有着各自相似的逻辑机制。更要悟透思想，灵活运用，如通过规律探究理解计数单位的变化等，让学生学"通"弄"透"。这样，打破了传统的课堂样态，学生基于逻辑自我建构起认知结构，打通知识间的关联，形成知识间的迁移，发展了思维品质。此外，这种始于教师、源于学生的"自觉能动"思维能力，抓住了学科本质，调动了学生兴趣，提升了课堂效率，能有效促进学生理性思维的发展。

载于《德育报》（2023 年 11 月），有改动

寻求素养落地的课堂

> 以"素养立意""结构教学""以始为终"的教学理念，寻求素养落地的课堂。

每天坚持听一节课，是我日常生活的一部分。面对课时目标散乱失精准、教学内容零碎不系统、课堂评价随性无理据等问题，如何让课堂有趣、有料、有效？在研读课标、复盘经验之后，我们确定了"素养立意、结构教学、以终为始"的教学设计理念，并以"共听、共写、共评、共备"的"日备课"机制展开研究。

单元整体把握，着眼"素养化"

素养立意是新一轮课程改革的核心。结合校情，我走进了周老师的语文课堂——《蟋蟀的住宅》，课文编排在统编教材语文四年级上册第三单元中，该单元顺承了三年级的"细致观察"，进而学习"连续观察"，其语文要素为"体会文章准确生动的表达，感受作者连续细致的观察"。

教学中，周老师紧扣课程目标，接续前一课《爬山虎的脚》"准确形象的语言"的基础上，以素养"准确生动的表达"为纲，以学习行为"连续细致观察"和"语言生动形象"为线，串联起本课教学，从而引导学生感知生活，发展想象力，提高语言表现力和创造力。

以素养立意进行教学设计，将教学目标由内容本位转向了素养本位，确立了核心素养在教学中的核心地位，使教学的一切要素、资源、流程、活动都围绕核心素养组织和展开，变"教课文"为"指导学法"，让教师真正成为学生自主学习的设计者。

整体把握课文，呈现"结构化"

教学内容结构化已成为当今教学改革的一种必然趋势。结构化教学要整体把握知识点之间的联系，串联所学内容，通过创造性地加工、重组，让知识从零散走向整体，从无序走向有序，从碎片走向系统，让学生完整地学、结构化地学、可见地学、深度地学。

本堂课中，周老师以一种全局性的视角对文本给予全面而有序的教授。通观全课，老师铺设了"连续细致观察""语言生动形象"两条线展开教学。在"连续细致观察"中，他抓住关键语句，着重学习"住宅特点""如何修建""怎样观察"三部分，进而体会蟋蟀的住宅是"伟大的工程"。在"语言生动形象"方面，周老师牢牢抓住"比"字，如把蟋蟀比作人、把蟋蟀的巢穴比作人的住宅、把蟋蟀的活动比作人的活动，既让学生逼真贴切地感受蟋蟀的形象，又让学生体会到作者对蟋蟀的喜爱，以及细致入微的观察给作者带来的乐趣。

教学内容结构化，把学生看不见的思考过程以层级和网状等关联进行表征，将隐性的思维显性化，便于师生间的、生生间的、学生与文本间的、学生与现实世界的对话和思辨，扩大学习的时间与空间的自由度，促进学生自我建构，形成知识结构。

以终为始反推，巧设"主问题"

以终为始可以达成高效能，即以预期的结果去展开行动。教育的高质量要从课堂的高质量开始，而课堂的高质量要从高质量的主问题切入。

周老师深谙主问题设计的重要性，在准确把握本课素养目标和教学重难点后，从预期结果出发，反推设计出以探究为主的主问题。对应"连续细致观察"提出问题：为什么蟋蟀的住宅可以算是"伟大的工程"？对应"语言生动形象"提出主问题：课文把蟋蟀比作人，把蟋蟀的巢穴比作人的住宅，说说这样写的好处。在主问题下，周老师还设置了一些"小问题"，让学生在反复的阅读中理解、体会、探究。在学生发言的过程中，周老师没有去添加任何自己对文本的理解，而是仔细聆听后进行追问，让学生深化自己的理解。

由终及始逆向设计，可以检验教学目标是否有意义，教学内容是否有价值，教学形式是否有实效，教学评价是否有效益。同时，变灌输为引导，变碎问碎答为整体思维，尊重学生的个性认知、情感推进，引导学生在对话、交流、合作中掌握知识，发展自我。

载于《中国教师报》（2023 年 4 月），有改动

一堂好课的关键在于"实"

> 衡量一堂课的标准有很多，但都离不开一个"实"字。

什么样的课才是一堂好课？在百度上点击一下，立马弹出成百上千篇文章，众说纷纭，各说各理。在浩瀚的文字海洋中，定睛分析、用心揣摩，你就会发现：不管话语怎样表达，都离不开一个"实"字。

最近观摩了课例《咏柳》，编排在部编版小学语文二年级下册的《古诗二首》中，本单元以"春天"为主题，"朗读课文，注意语气和重音"，是其教学重点。在开展了前测后测、独自写课、共同议课等一系列教研后，我越发觉得"实"字在课堂中是如此的重要。

目标重实在

目标即预期，是将要达到的境地或标准。教学目标是课堂的灵魂，决定着一堂课教师教什么、教到什么程度和学生学什么、学到什么程度，有着导教、导学、导练、导评的功能。

当下，教学目标存在的问题：一泛，求全，面面俱到，不具体确切；二偏，曲解、误解课标、教材，不知起点，盲目施教；三虚，针对性不强，"理解""掌握"等模糊的动词无法检测等，导致教学效率低下、教学质量不高。高质量的课堂，应从制定真实的教学目标开始，促使教学目标科学、清晰、具体、可操作、易测评。

本堂课中，三条教学目标都"搬"于"教参"，但不具体确切。如"能正确、流利地朗读古诗，背诵古诗"，忽略了本单元的重点——朗读课文，注意语气和重音，造成教师在课堂上指导孩子朗读时"蜻蜓点水""一扫而过"，没有读出"咏""一""绿"等字的重音，也没有读出"不知细叶谁裁出，二月春风似剪刀"这一设问句一问一答的语气。

内容重适宜

课堂教学的失败、无效，问题往往出在"教学内容"上。语文的教学内容就是用"字词句篇、语修逻常"来培养孩子的"听说读写"能力。这样一来，"可教的地方"很多，选择适宜的教学内容成为提高课堂质量的关键所在。

当下，教学内容选择存在的问题有：一是偏离教学目标，任意拓展；二是解读教材不够，随意拔高或降低，三是缺乏课程意识，将"教材内容"等同于"教学内容"。教学中，在把准课标、吃透教材的基础上，以孩子的学力为依据，提前了解孩子的自学情况，在孩子的"最近发展区"内选择教学内容。

本堂课中，教师对孩子的学情把握是不够的。如认识"裁"字，在教学前测试时，58 人中有 21 人写错拼音，有声母错的、有平翘舌不分的。而教师在教学中轻轻带过，只注重与形近字"栽"的区分，而忽略了读音的强化，致使教学后的测试中仍有 18 人写错。

方法重实用

所谓"教无定法，贵在得法"，教学方法有很多，如讲授法、讨论法、直观演示法、自主学习法等。没有哪一种方法是"包治百病"的，只有选择适切的、实用的方法，才能实现教学的最优化。

当下，教学方式上最大的问题是老师们习惯于单向度地传授，教师滔滔地讲，孩子静静地听，孩子在教学过程中处于被动的状态。"双新""双减"背景下，应注重启发式、探究式、参与式、互动式等教学方式的综合运用，促使师生之间、生生之间双向或多向地交流研讨。

本堂课中，老师"牵"的痕迹太明显了，拽着孩子走，老师累、孩子苦，效果又不好。

如本诗中的"碧玉""丝绦"不太好理解，本堂课中老师通过展示图片来讲授的方法，孩子听了似懂非懂。如若采用启发式教学"出示图片—观察特点—对比联想—找出喻义"，孩子既能知其意，又能明其义。

评价重实效

"好不好，不看广告，看疗效"，评价是指挥棒，课堂效率是检验教学水平的核心指标。

　　当下，课堂评价中存在随意评、泛泛评、"管教"不"管评"、教学评不一致等问题。教学中，应树立评价先于教学的理念，围绕教学目标研制"过关清单"逐一核验，检查评价目标达成度。

　　本堂课上，老师运用了坎佩恩—布朗的渐进提示评价模式，聚焦目标达成度，自我评价修改，从而改进教学。在授课前依据教学目标设置测查量表进行前测，显示孩子通过自学已经掌握 66.3% 的知识；授课后，用同样的量表进行后测，结果显示孩子掌握了 78.5% 的知识。通过数据分析，可以看出老师的教学促进了孩子知识能力的提高，特别是中下等学习水平的孩子提高的幅度更大。

载于《德育报》（2023 年 11 月），有改动

教学应贴近孩子的生活

生活与教育，犹如汤与盐。盐溶入汤中，才能被吸收；教育融入生活中，才能具有活力。把书本知识与实际生活结合起来，将课本内容灵活地融进生活，让教学贴近孩子的生活。

人为什么要接受教育？实在一点讲，就是为了更好地生活。学习，使人向真、向善、向美，使人能够适应甚至改造未来社会，从而实现人生价值，使人的生活更加美好。所以，教育不是最终目的，只是一种媒介，落脚点还是生活。

著名教育家陶行知先生认为："教育必须是生活的。一切教育必须通过生活才有效。"生活与教育，犹如汤与盐。盐溶入汤中，才能被吸收；教育融入生活中，才能具有活力。从这个意义上讲，生活的边界就是教育的边界，生活的范围就是课程的范围。

然而，当下我们的教育却与生活背道而驰。孩子们为知识而学，其目的不是解决生活中的问题，而是考高分、进名校。学的是一套，做的又是另一套，学用脱离，导致人格分离、心理矛盾、不知所从。学的东西，几乎都是"教师的意志"，中规中矩，停留表面，且片面、零碎，只见树木、不见森林，没有整体感。学的过程，大多是"老师讲，孩子听"，最终只会识记、不会独创，只要熟背、不要深思，没有自由的表达，孩子的灵性被无情地扼杀。对学的评价，只求能考、不求会用，"只要考分高、事事皆可抛""一俊遮百丑"，导致教育只注重对知识的灌输和训练，没有交往与实践，没有对生活的体验，更没有对人生的理解。

所以，我们应该把书本上的知识与实际生活结合起来，将课本内容灵活融进生活。让生活中有的，课堂上也有；课堂上学的，也是生活中用的。引导孩子用自己的眼睛去观察生活，用自己的情感去体验生活，用自己的方式去感受生活，用自己的思维去分析生活，用自己的行动去升华生活，把孩子培养成为一个热爱生活的人。

如在教学《端午粽》时，可以让孩子联系生活实际进行表达。《端午粽》选自屠再华的童年散文集《嘟嘟糖和小雪灯》，全文以儿童的口吻生动地介绍了粽子的样子、味道等，讲述传统节日风俗，引导孩子了解、热爱中华传统文化。在教学时，对于一年级的孩子来说，"能用自己的话说一说粽子的样子、味道等"相对较难。这时，我们就应在课堂上创设生活化的情境。粽子，孩子们并不陌生，是生活中常见的食品。老师在教学时，应先勾连孩子的已知，直接出示一个实物粽子，让孩子观察，并让孩子说一说发现以及想象，相机引导孩子从样子、味道等方面来介绍粽子。在此基础上，再来建构言语表达，引导孩子将自己的语言与文本进行对比。引导孩子丰富用词，如"美滋滋""又黏又甜""青青的""白白的""红红的"等，描述要富条理性，如第一句从"外表、里面、中间"有条理地介绍粽子，进而引出孩子清楚地介绍自己喜欢吃的食物来巩固本课学习的表达。这样，合理利用生活中的教学资源，在课堂内外建立起联系，使课堂的教学发生质的变化，并向生活化转型，孩子可以在具体的情境中去学习、去交流，在广阔的空间里学语文、用语文，并将学到的知识转化为内在的生活精神。

生活是甘甜的乳汁，是学习的源泉。教学中，我们应考虑孩子的生活经验，极力寻找教材与孩子生活的贴近点，让孩子直面生活、体验生活、表达生活。学习即生活，生活即学习。教育离不开生活，生活也离不开教育。教育因生活而绚丽，生活因教育而精彩。

让教学走进学生心里

调整教学目标，让老师的教学走进学生的心里。

师：齐读"哪里需要献出爱心，雷锋叔叔就出现在哪里"。

生：（齐读）……

师：把"哪里"换成具体地方说一说。

生1：火车上需要献出爱心，雷锋叔叔就出现在火车上。

生2：……

生3：……

师：仿照"（ ）需要献出爱心，雷锋叔叔就出现在（ ）"说一说。

生：……

师：什么人是雷锋？

生：消防员是雷锋，医生是雷锋……

师：（出示图片）是啊！哪里有需要，哪里就有雷锋。

生：（齐读）"哪里需要献出爱心，雷锋叔叔就出现在哪里。"

师：雷锋就是献出爱心的人。生活中哪些人是雷锋？

生：我生病了，爸爸帮我买药，爸爸是雷锋。

师：爸爸是亲人，不是雷锋。

生1：看见路边迷路的孩子，路人帮着打电话报警，路人是雷锋。

生2：扶老奶奶过马路的小男孩是雷锋。

……

这是某老师教学《雷锋叔叔，你在哪里》（第二课时）中的一个片段。

这首诗歌与人教版语文教材一年级上册所学的《比尾巴》，都同样采取了问答的形式。文眼"寻"字带动全篇，带领我们沿着"长长的小溪"、顺着"弯弯的小路"、乘着"温暖的春风"，寻找足迹、了解事迹。诗文场景鲜活、画面感十足、人物形象生动，让我们学习了关爱他人、乐于奉献的雷锋精神。

思路决定出路。关于"人物形象"的教学，我们不能生拉硬拽、牵强附会，应摒弃传统的教学模式，一改简单化的线性思维，活化教学思维，"全景式"感知人物，深入、细腻地把握人物形象，进而叩击人物灵魂。

诗文中"哪里需要献出爱心，雷锋叔叔就出现在哪里。"已经点明雷锋精神无处不在。"我找到了身边的'雷锋'"，又在号召我们找雷锋、学雷锋、做雷锋。实际上，这是以诗文中的"雷锋"为圆心，让我们超越时空把与"雷锋"吻合或相似的人物聚拢起来，汇聚成"类型人物"群像，从而引领学生从"一个人"读出"一类人"，从"彼时人"读出"现时人"。这样的"人物形象"不再孤立，不再高冷，而是"远在天边近在眼前"的"身边人"。

本堂课中，老师抓住诗句"哪里需要献出爱心，雷锋叔叔就出现在哪里。"与学生展开了对话，通过换词说一说、仿照说一说等形式，让学生知道了"哪里需要献出爱心，雷锋叔叔就出现在哪里""雷锋就是献出爱心的人"，到处都是雷锋助人的身影。但让学生找"生活中哪些人是雷锋？"时，学生似懂非懂，如把"爸爸的亲情"当成了"雷锋精神"等。

这需要我们运用归纳的思维，把人物从"人物形象"升华至"精神价值"，把"人"升华至"魂"。教学时，不能把这些精神以贴标签的形式硬生生地塞给学生，而是应进一步引领学生从"类型化"的人物群像中去发现规律，挖掘"这一类"人物形象的精神内涵和教育价值，让学生从内心生发出感情，实现人物形象的文化价值和教育意义。

很显然，教师在课堂引导出"人物形象"后，学生对这一类人物的认识还是笼统的、粗浅的，需要引导学生调整。如老师提问"从消防员、医生……这一个个'雷锋'身上，你看到了怎样的精神？谁来概括一下？"学生边发言，教师边引导，提炼出"关心他人而不是自己或家人""自己愿意而不是被安排或被强迫""奉献自我而不是图有所回报"等观点，从而总结归纳出"关爱他人、乐于奉献"的雷锋精神，让其精神走近学生并入脑入心，让老师的教学走进学生的心里。

思维力的培养还在课堂

让孩子自主思考、自主探究、自主建构，在课堂上培养学生的思维力。

"思维力"一词，并不陌生，甚至如雷贯耳。其重要性无须普及，无论家长，还是教师，都深知思维力培养的重要性。如何培养？有很多观点和看法，如课程论者，又如活动论者：如各种早培机构竞相出现。

在教学一年级的语文课《操场上》时，执教老师让孩子自主地给本课的词语分类，脑洞大开的小朋友们创意十足，有按形旁来分的、有按字数来分的、有按有无"球"字来分的，孩子们天马行空，思维得以发散，归类能力得以培养。执教老师还通过"跑"字引出"包字家族"，让孩子从"学一个"到"学一类"，思维进一步得以发展。从中我深刻体悟到：纵有网络上各派专家千言万语，或有各路商家借机"裹挟"，但作为教师的"底层逻辑"，思维力的培养重在课堂。

思维力是一种认知表现，主要包括直觉、形象、辩证以及创造等思维。教室是孩子活动时间最长的地方，如果不在课堂上培养孩子的思维，而去课外培养，无疑是在加重孩子的负担。然而，在"讲课本""教知识"的传统课堂上，孩子处于被动接受状态，获得的知识是老师给的，是概念化的，孩子缺乏自主思考、自主探究、自主建构，其思维能力是很难得到发展的。

情境式课堂

人是凭借已有的生活体验去接触、消化、吸收各种教育影响的。脱离了生活的源泉，孩子的人格就会被分裂成两个世界。在课堂这个世界里，孩子则像傀儡一样机械地从事着学习；而在生活的世界里，孩子则需自寻方法来获得自我满足。这样"两张皮"的教育，仿佛是一座空中楼阁，让孩子不知所从。

教师应贴近孩子的生活实际，将教材内容与孩子的生活体验结合起来，或在真实的情境中去教学，或在课堂上创设生活化的情境，触发孩子的"本能"，触动孩子的思维，让孩子在真实的情境中学习知识，建立知识与实践的联系，并迁移或转换成解决问题的思维习惯和行为能力，同时进一步深刻感悟生活的多元化。

启发式提问

问题是思维的引擎，思维起源于问题。在有问题的情境中学习，会激起孩子对知识的好奇，从而积极主动地去思去想。以问题为中心，可以培养孩子的思维力。

课堂教学离不开提问，师生问答也是课堂互动交流中最常用、最主要的方式。然而，当下的"碎问碎答""一问一答""一问到底"等碎片化的提问方式，导致孩子"随口而答""不思而答"，疲于应付，无法进行深度思考、深层学习。

教师的提问，决定了孩子的思维。问题过于简单，起不到启迪思维的效果；问题过难，又难以起到培养孩子思维力的作用。这需要教师以主要问题为线索，设置梯度问题，进行启发式提问，避免随意地连问、简单地追问和习惯性地碎问，从而起到"牵一发而动全身""擎领而顿，万毛皆顺"的效果。

探究式活动

在我们的经验中，有这样一个普遍事实，就是"自己琢磨、自己探究出来的知识，不仅保留时间长，而且用起来还得心应手"。学生是课堂的最大资源，一旦把他们从"鸟笼式"的教育中解放出来，让他们真正成为课堂的主人，真正实现"让学于生"，给孩子"让出一片新天地"，他们就会给你不一样的精彩。

教学中，自主、合作、探究是核心。教师应充分相信孩子，解放孩子，发展孩子，给孩子宽阔的"舞台"，倾听孩子的"真情告白"，欣赏孩子的"表演天分"，让孩子在课堂上自由地呼吸，老师"点燃、点拨、点评"即可，让孩子在设问、思辨、寻访、实践、评价、应用中提升综合思维和创新能力，感受学习的乐趣。内因决定外因，孩子的内驱力被激发后，会爆发出让人意想不到的可能性。

对比，让课堂更有深度

比较是一切理解和思维的基础，运用对比教学，可以更好地激发孩子的内驱力。

对比，为对照、比较之意，也就是把相近、相反、相关的事物或同一事物的几个方面放在一起进行比照，使其更能突出事物的本质特征。对比教学法，是常用的教学策略，它是一种同中求异、异中求同的思维方法。语文教学中，有些老师授课内容枯燥、方式死板，只能一篇一篇地教、一遍一遍地讲，导致孩子理解能力差，阅读水平低。因此，对比教学的运用十分重要，十分迫切。

一、字词对比

课文中的一字一词都是独具匠心的，教学中可以引导孩子抓住文中的关键性字词进行对比，也可以指导孩子通过替换、增减、换序等方式进行比较，通过对字词的推敲，体悟作者在遣词造句上的精巧，从而品味语言内涵，促进孩子对文本的深度理解。

如教学《卖火柴的小女孩》时，挖掘文本潜在内涵，抓住"小"与"大"，用"小女孩"去和"大火炉""大圣诞树""大烤鹅""高大的奶奶"等对比，可突出女孩的渺小、卑微，让孩子感受到作者用词的精当与巧妙。再如教学《普罗米修斯》时，先让孩子找出人类没有火的句子"在无边的黑暗中度过一个又一个长夜"，再让孩子删掉修饰词进行对比，让孩子感受到人类无火时的悲惨情境，以及普罗米修斯心中的不忍。

二、句段对比

句段是文章的点睛之笔，往往很多文章的动人魅力和感人之处都隐藏在句段中、细节里。教学中，教师如若结合句段特点，有针对性地展开对比教学，不但能让孩子深刻认识文章的描写手法、组材方式、表达效果等，还能发展孩子的迁移运用、欣赏评价的能力，使思维发展进入一个全新的境界。

如教学《翠鸟》时，通过"翠鸟"与"小燕子"（课文外的教学资源）的片段对比描写，让孩子了解写"翠鸟"是从整体到局部，而写"小燕子"是从局部到整体，从而延伸到"写人"（可以从头到脚，也可以从脚到头）、写教室（可以从前往后，也可以从后往前）等，总结出写作要"按顺序"。再如教学《千人糕》时，指导孩子用"不以为然"的语气读出"这就是平常吃过的米糕嘛！您给我买过"。可以同读《坐井观天》"朋友，别说大话了！天不过井口那么大，还用飞那么远吗"的"不相信"语气展开对比教学，让孩子去品味表达的妙趣，培养语感，把握文章的内涵。

三、篇章对比

文章是个性化的产物，即便是同样的文体、主题，不同的作者在写作时因思维和语言习惯的不同，采取的表达方式也不尽相同。语文教学中，可以把内容或结构相同的文章结合在一起，让孩子在阅读中比较异同，这不仅能让孩子领悟到此类文章的表达规律，还能培养孩子举一反三的推理能力和梳理归纳的统综能力，从而更好地认清事物的本质与特征。

如教学《游园不值》，理解诗句"春色满园关不住，一枝红杏出墙来"时，就可引用陆游的"杨柳不遮春色断，一枝红杏出墙头"来进行对比教学。都有"一枝红杏"，这一点相通，已是桥梁。同中求异在于，叶绍翁用"关"，而陆游用"遮"，让孩子充分体会"吟安一个字，捻断数茎须"，增强了孩子对中国语言文字的无穷含量的体会。再如教学《牛郎织女》时，让其与不同版本的《牛郎织女》相对比，与叶圣陶版的《牛郎织女》作对比，让孩子体会民间文化的意蕴，从而让孩子置身于"大语文"的学习中，服务孩子的生命和精神成长。

总之，著名教育家乌申斯基曾说："比较是一切理解和思维的基础，我们正是通过比较来了解世界上的一切。"在小学语文教学实践中，运用对比教学，通过引导孩子将字词、句段、篇章进行对比分析、归纳概括，可以更好地激发孩子的内驱力、深化文本理解、拓展思维空间、提升阅读技巧和鉴赏能力，这是帮助孩子进行高效的语言实践。

载于《中国教师报》（2024 年 4 月），有改动

思维导图需符合儿童认知规律

> 教育不能违背教育学、心理学原理，所以思维导图的运用也要符合儿童的认知规律。

《千人糕》被编排在部编版小学语文教材二年级下册第二单元中。该单元的人文主题是"关爱"，教学重点是"读句子，想象画面"，进而加深对句子内容的理解，提高学生的阅读能力和想象能力。《千人糕》通过对父子之间三组对话的叙述，介绍了千人糕的制作过程，教育学生要尊重和珍惜他人的劳动及劳动成果。《千人糕》的重难点之一，也是课后第一道习题"默读课文。借助插图，说说米糕是经过哪些劳动才做成的"。

课文中有两幅插图，连接起来可以看出米糕能"摆在面前"的整个过程。这两幅插图，实际上也是一种思维导图。课堂上，有的老师会呈现插图，但用得最多的还是文字式的思维导图。按理说，经过师生的梳理，再配合这个可视化工具，学生是能够把"米糕的制作过程"说清楚的，但事与愿违。在同桌相互说一说之后，老师便抽学生分享，其结果是：都没有说清楚，有的甚至口齿不清、逻辑混乱，这显然是学生没有很好地理清米糕制作过程的缘故。

基于此，结合学生所表现出来的课堂行为，老师对所绘制的思维导图进行了深入分析，并提出了解决方案。

在本节课中，老师的思维导图是按照由整体到局部的逻辑从上至下进行排列的。因此，米糕作为一级概念位于最顶端，大米和糖则作为二级概念位于中间，而稻子、甜菜汁、甜菜等作为三级概念又位于下方。此外，这个思维导图并没有很好地阐释出概念之间的相互关系。这些都成为学生理解其制作流程的障碍。我们可以发现，老师在课堂上所呈现的思维导图违背了儿童的认知发展规律。在教育心理学中，儿童的认知发展规律认为儿童的认知发展是由近及远，由局部到整体的。因此，课堂上思维导图的逻辑与学生的逻辑是相悖的，二年级的学生完全理解消化本节课的思维导图是具有一定难度的，如下图所示。

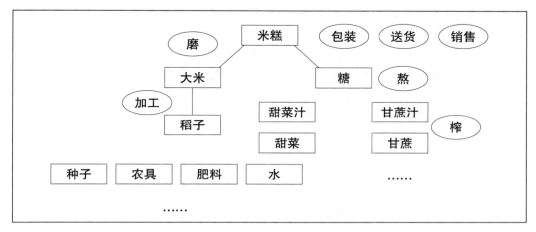

老师在课堂上的思维导图

观课思课的目的是更好地教学。基于本堂课的现象，主动代入授课教师的视角并试图做出以下改变：思维导图的制作逻辑要符合儿童的认知发展规律，即思维导图要形象化、具体化并有逻辑。因此，采用由局部到整体的思维逻辑，以及巧用一些常见的数字符号来使米糕的制作过程更加生动化（如下图所示）。

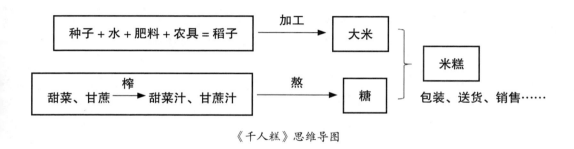

《千人糕》思维导图

从前面的思维导图中，我们可以发现从左至右符合由局部到整体的逻辑，遵循了儿童的认知发展规律。思维导图灵活地运用了常见的数学符号，如加号（+）、减号（−）、等号（=），这些有利于帮助学生理清这些概念之间的相互关系；并且，思维导图中的箭头、步骤的标识能够使制作流程更加形象化，在帮助学生理清流程的过程中又不增加学生的认知负担。因此，选择符合学生认知发展规律的思维导图以及图文结合的呈现方式都有利于教师教学目标的进一步落实。

我们是教育教学的专业技术人员，我们的专业就是"教育学""心理学"。在学校教学中，我们不能忽视儿童的身心发展特点，不能违背教心学原理，也不能违背学生的认知发展规律，更不能做"反教育"的事情。

因此，思维导图的运用须符合儿童认知规律。

主问题能撬动课堂

注重儿童生命成长的需求，将知识与生命链接，用主问题引导孩子去思考和探索，培养学生的自我意识。

课堂教学中，一定要把孩子当作"活生生的人"，而不是"提线木偶"，这需要教师转变教学方式，注重儿童生命成长的需求，将知识与生命链接，用较宽泛的主问题引导孩子去思考和探索，培养孩子的自我意识，增强孩子的自我力量感。

有段时间，我在三年级的语文课堂上"转悠"，《赵州桥》这一课就听了三节，深感"满堂问、满堂答""碎问碎答"式的教学，对学生身心成长不但无益，甚至有害。因为这些问题，学生不用动脑，只凭自己的经验就能作答。这样他们无需去深读深研文本，更无法从内心生发出对文本的体悟，仅仅是被动地接收了老师贴的"标签"，久而久之，让学生养成了"惰性"，思维层次无法得到提升。

统编教材语文三年级下册第三单元的要素是"了解课文是怎么围绕一个意思把一段话写清楚的"，着重于学习表达；而三年级上册是"借助关键语句理解一段话的意思"，着重于理解内容。通过前后关联，我们可知，该单元有着承前启后的作用，"围绕一个意思写清楚一段话"的具体方法，不仅能促进学生深入理解课文内容，而且也为学生进行"围绕一个意思把一段话写清楚"的习作实践提供方法上的引导。

《赵州桥》被编排在该单元的第三篇，语言表达特点"构段清晰，每一部分都是围绕中心词句展开的"，正好凸显了该单元语文要素的学习。下面借助《赵州桥》这篇课文谈谈"以主问题去撬动语文要素的学习"。

设计本课我会围绕"桥"这个课眼展开,设置"介桥""写桥""说桥"三个环节。

一、介桥

设置主问题:赵州桥是一座怎样的桥?学生运用已学知识,找到四个介绍赵州桥的关键句:

第一句"河北省赵县的洨河上,有一座世界闻名的石拱桥,叫安济桥,又叫赵州桥"。

第二句"赵州桥非常雄伟"。

第三句"这座桥不但坚固,而且美观"。

第四句"赵州桥体现了劳动人民的智慧和才干,是我国宝贵的历史文化遗产"。

充分交流后,教师总结学法:开头和结尾写的都是赵州桥的地位,中间两句分别写它的特点,这种"总—分—总"的结构,首尾呼应,脉络清晰。

二、写桥

设置主问题:作者是怎样把赵州桥的"美观"写清楚的?

预设1:第一句为中心句,点明写赵州桥的美观,这是"过渡句",使上下两个自然段的内容联系更紧密;第二、第三句具体写如何美观。

预设2:着重通过写"桥面两侧的石栏""栏板上的图案""图案上的双龙"来体现赵州桥的"美观"。标点符号的作用:冒号——解释说明,分号——并列;排比句式:有的……有的……还有的……;描写两个事物之间的关系:相互吸引"缠绕""戏珠"、相互排斥"相抵";结尾点明主题。

通过交流可以总结出学法:关键特征排开头,具体描写跟其后,修辞、关联不掉队,最后再来一点睛。

然后让学生用"画——画出关键词句""找——找出每一句话与中心句的联系""理——理出作者是如何把赵州桥的雄伟写清楚的"。自学第二自然段,由扶到放,迁移学法,深化写法,让学生举一反三地进行学习。

三、说桥

设置主问题:假如你是导游,试着用"世界闻名、雄伟、创举、美观"四个词语,向游客介绍一下赵州桥。让学生基于课文的语言材料,将理解的内容和学习到的表达技巧有效融合,深化语文要素,落实语言运用。

先让学生交流制定简约而精准的评价标准，如：1."围绕一个意思说一段话"得★；2."围绕一个意思说一篇文章"得★★；3."表述完整、语言流畅"得★★★。通过自说、互说、全班交流等，引导学生由围绕一个意思写一段话到围绕一个意思说一篇文章，既锻炼了学生的口语，又为他们的单元习作作了铺垫。

课堂教学中的形式主义

课堂教学中的形式主义，单纯追求形式的变化，片面注重热闹的课堂，没有考虑形式与内容的统一，应坚决摒弃。

　　近日，聆听了一节语文一年级下册的教学课例《古对今》（第一课时）。在识字时，任课老师的教学流程为"出示生字—自读—小老师教读—抽生提醒（前鼻音：晨、严、寒、圆，翘舌音：暑、晨、朝，还有边音、后鼻音，等等）—去掉拼音齐读"。这样的识字教学流程，在当下被普遍运用，数不胜数，看似完整，教得扎实，但实则是平均用力，注重虚功，"靶向不准"。

　　这并不是"张嘴乱说"，还是用事实说话吧。

　　听课时，我们运用了"前测—教学—后测"的评价模式，其中有一道题（如下图所示）：

把下列生字按要求分类。（填序号）

①酷　②严　③寒　④暑　⑤晨
⑥朝　⑦杨　⑧霞　⑨夕　⑩圆

前鼻音：＿＿＿＿＿＿＿＿＿＿＿＿

翘舌音：＿＿＿＿＿＿＿＿＿＿＿＿

　　前测时全班49人，1人全对；后测时，3人全对。其中"晨"的读音

"chén"，前测时有 45 人错，占比 91.8%；但教学时，老师没有突出读音的指导，而是让全班一读而过。导致后测时该字的读音还有 39 人错误。实际上，老师的这一教学环节，只让 6 个孩子弄懂了"晨"字的读音。问题出在哪里？在于没有把握学情，或凭教师的经验在教学，或依从教学参考书上的教学设计在教学……

这，让我想到了课堂教学中的不讲实际效果的形式主义。

在当前的"双新""双减"背景下，减负增效，就要提高课堂教学的实效。一堂课的教学时间只有 40 分钟，而教学效果的高低取决于教学活动所占时间的合理程度。精心设计教学过程，让课堂上的每一分钟都体现出价值，需要摒弃形式、直击"要害"，让课堂有效甚至高效。

当下的课堂教学理念认为，只有孩子热火朝天地讨论、争先恐后地发言、连续不断地提问的课堂才是好课堂；也有人认为，采用了多媒体教学、有角色扮演、分小组讨论、老师不讲或少讲、孩子多活动的课堂才是好课堂；等等。实际上，课堂教学的关键在于让孩子学懂弄通，至于用什么样的教学方式，则要根据教学内容而定。如果一味地大搞花架子，追求热闹花哨，片面注重形式，竭力标新立异、哗众取宠，单纯追求形式上的好看，不管实际效果，是重表不重里，没有把握实质，其教学效果是令人担忧的。

这种有其虚、无其实的教学，就是形式主义。孩子们并不能真正从中受益。

学情分析时的贴标员

孩子在进入每一节课时，不是脑袋"空空如也"，而是带着自己的经验进入的。然而，我们教师在新课教学前，却没有深入细致去了解孩子的情感、情绪、所知，仅凭着自己的经验和教参的安排，想当然地教，虽然教得很努力，但孩子们好似"不给力"，经常"开小差"，沉浸在自己的世界里。老师们却认为他们上课不听讲，还经常以"一二三，要坐端"等提醒，实质是孩子对老师讲的知识不感兴趣，因为他们自认为懂了，或学过了。

所以，教师要深入了解学生学情，依据学情构建课堂授课程序，科学有效地把握课堂。学生懂的，不教；学生不懂的，重点教。使课堂教学做到"有的放矢"，避免"形式主义"，提高课堂教学质量。

导入新课时的播音员

为了有效激趣，彰显教师魅力，大多数老师会设计精彩的课堂导语，看似旁征博引、口若悬河，实则花里胡哨、自说自话、牵强附会，大段输出，孩子或听得云里雾里，或耳听心飞。

所以，课堂导入不要"为导入而导入"，更不要"画蛇添足"，增加一些没有用的东西，或者把"简单问题复杂化"，而要提倡"新颖、激趣、简洁"，要求"短、平、快"，三言两语即可，不要把以孩子为主体的课堂变成了教师作秀的舞台。

课堂教学时的放映员

老师们特别注重预设，注重设计教学课件。上课时老师常手拿翻页笔，对着 PPT 一张一张地讲，孩子就像看电影一样，当一个忠实的观众，被动学习，脑未动，心也未动。运用很多的现代化教学手段，孩子却眼花缭乱，一无所获。

现代化教学手段主要是为教学重点、难点的突破服务的，要根据教学内容、教学目标的特点来科学地使用。教师们不要盲目地使用现代化媒体教学手段，虽然一堂课中充斥着声、光、电效果，但不给孩子理解、消化、吸收和再创作的时间，课堂效果也不会好。

公开教学时的程序员

如遇教学展示，或赛课，抑或公开课，提前试讲很多遍，反复排练"演戏课"，把自己的提问和孩子的回答都设计好了，每个环节安排周密，于是整个课堂显得水到渠成、滴水不漏。犹如演员之彩排，等于是公开地给孩子进行作假示范。

公开教学，名义上是全班参与，实际上是一两个孩子当主角，其余孩子当配角或者是观众，只是看与听，呆坐不动。回答问题也是形式化的，孩子要迎合教师的想法，会选择一种与其内心不相符甚至相违背的答案。还有就是孩子的回答过程必须按照教师给定的模式，表面上是训练思维，实际是对创新的扼杀，对发散思维的禁锢。

课堂提问时的司号员

为避免把课堂当讲堂，以及"填鸭式""满堂灌式"的教学，教师们选择了一问一答的模式，或教师一人问，孩子齐声答，再或把"有没有""是不是"等口头禅时常放在嘴边，简单问题反复问，无关问题随意问，课堂显得热热闹闹的，但实效性不大。孩子口是心非，一片茫然。或问题过易，以至于问题还未提出，孩子未经思考，就出现全班"小手如林"的热闹场景；或问题过难，绝大部分孩子在旁当"听众""看客"，提问流于形式。

教师应在孩子的"最近发展区"内提问，让孩子"跳一跳，摘到果子"，既不能滞后于孩子原有的智力发展水平，也不超前于现有水平。教师的提问和表述必须做到精练、规范，避免重复或空话、套话，更要杜绝不恰当或不准确的语句。

小组讨论时的警卫员

小组讨论，为讨论而讨论。一些毫无价值、一问就能答出的问题，也让学生讨论，看上去红火热闹，实际上是浪费学生宝贵的学习时间。在讨论前，教师没有安排小组分工，学生抢着表达自己的看法，结果导致谁都没有认真听；发表意见者往往只是一些成绩优秀的学生，常会为某个观点争得面红耳赤，而其他学生一言不发，甚至做与课堂无关的事。讨论的时间也不足，往往学生还没进入状态就被老师"叫停"，仅仅是走走过场而已，往往是学生叽叽喳喳地议一会儿、漫无目的地聊一会儿就完了。

教师应让学生主动思考，发表自己的见解，实现生生之间思维的交流、碰撞，教师应提供充足的时间，才有利于学生认知上的加深、升华。

课堂反馈时的对标员

课堂倡导"一课一得"，打造高效课堂，设计"检测反馈"环节。许多课堂千篇一律地设计几个单一形式的"选择题、判断题"进行检测，学生只是按照老师的提示，集体回答"是"或者"不是"、"对"或者"不对"，或选择ABCD，没有独立思考的过程，没有真实地了解到不同基础学生的学情，只是完成教学检测流程罢了。

教师应围绕教学重点、难点，面向全体，兼顾"好、中、差"学生来设计题目，才能真实反馈教学的情况。

课堂评价时的话务员

评价重结果，轻过程。为了追求成绩，在评价过程中教师往往侧重于评价学生基本知识的掌握情况，关注学生学习的结果，但对于学生在教学活动中所表现的思维、技能、品质、情感等方面缺少必要的评价。

倾听学生发言时，老师并没有顺着学生的话往下引，而是自己走自己的流程。答问不分是非，漠然置之，或者没有实事求是地评价，而是"真好""真棒""好极了"不绝于口，或是"你说得太好了，我们一起表扬他！""嘿！嘿！你真棒！"……到底什么地方好，学生全然不知。这样的评价，学生听了，觉得索然无味。

课堂板书时的贴画员

课堂上不写一个字,所有板书内容全部用课前准备好的字条或图画代替。教师板书是学生学习书写的示范,教师书写的过程也是学生思维的过程。

还有的老师板书重新奇,轻内容。为了追求板书奇特,板书设计五花八门,忽视了教学内容质量。

以上只求"动"不求"思",漂浮在上,重"形"略"神",单纯追求形式的变化,片面注重能制造课堂热闹的各种形式,将标新立异视为教法创新,很少考虑形式和内容的统一,忘记了教育的本质,没有树立正确的课堂效益观,是课堂教学中的形式主义,是要不得的。

让教师的指令有效调控课堂

> 课堂指令用于课堂调控，其"力度""温度""效度"不仅能维持课堂秩序，更能影响孩子学习的指向性、有效性和积极性。

我们常说，教师是教学的组织者、引导者、支持者、激励者，作用在于引起、维持与促进学生学习。从这个角度讲，教学是具有管理性的，是对学生学习行为管理的过程。管理者是教师，管理对象是学生，管理的过程是教师依据课程目标制定计划实施计划，并及时根据学生的状态信息，不断对学生的学习行为进行有效调控，以保证教学目标的达成。而教学中调控的主要手段，就是教师的课堂指令。

课堂指令，是教师在教学过程中为组织和实施教学而向学生发出的指令性言行，其目的在于引发学生具体学习行为的变化，作用在于影响学生课堂学习的发生、维持、转换和优化，是教师促成学习与目标联结的重要的行为管理手段，有助于维持课堂秩序，推进教学进度，改善师生关系，调动学生学习的积极性。

教师发布的指令是多模态性的，有纯语言模态，如口语、文字等；有伴语言模态，如语速、音量、音调、停顿等；还有非语言模态，主要为身势模态，含肢体动作、表情、眼神等。有研究表明，教师指令模态符号出现频次从高到低排序为：口语、肢体动作、目光、音量、身体移动、文字、音调、停顿、表情、语速等。

教师发布指令的目的：一是组织教学，二是纪律规范，三是提出问题。当下的课堂上，教师指令的目的中组织教学居多，提出问题次之，纪律规范最少。指令的内容，有"意义指令"，让学生清楚"学的意义"；有"内容指令"，让学生清楚"学什么"；有"行为指令"，让学生清楚"怎么学"；有"评价指令"，让学生清楚"学得怎样"。

当下，教师对小学课堂的调控是存在一些问题的，特别是一些新手非语数学科的教师，由于学生对学科价值的认识不足，加之自身的组织调控能力不够，有些教师面对"学生上课表情迷茫""目标相异的行为明显增多"等现象不知所措，只好"用书使劲敲打讲桌以示提醒"或"被气得一走了之，让班主任来收拾残局"，等等。产生这些问题的根源很多，但多数还在于教师在课堂上使用的指令无效。

指令无效，主要表现在：一是指令含糊，教师给出指令时口齿不清晰，学生似懂非懂，内容不聚焦、学生不知所从，形式不丰富、学生心生厌倦，前后不连贯、学生一脸茫然；二是指令烦冗，教师为追求面面俱到，想着"一招制敌"，一次性给出的指令内容过多、语义杂糅、逻辑不清，自认为讲得非常通透，实质是关键词不突出，学生困顿在指令的漩涡中不知怎么做；三是有言未行，教师给出指令时，说得很凶，很重，很严，但没有"言必行，行必果"，久而久之，学生摸清了老师的"底牌"后，便不再相信这些话。这些无效的指令，直接影响了学生学习的指向性、有效性和积极性。

提高课堂指令语的"力度"

学生的理解能力差，注意力集中时间短，这要求教师的课堂指令要简洁、清晰、易懂。语言要严密，指示不得游移，这样的教学指令对认知的激活扩散有重要影响。关键词要突出，因为这是引起学生后续认知加工的关键性指示词，连接着新信息与原有认知结构中的旧信息，这如同"路标"，没有便会失去明确的路径方向。对特别注意的强化性指令指示词，采取重音、缓速、重复、陈述复述或提问复述等形式，让学生的认知框架尽可能保持在焦点位置。如若出现叙述，则要变化语调、停顿、强化叙事前后的指令等。

提高课堂指令语的"温度"

当下，教师为"有效"掌控课堂，确立自己的权威，语气强硬，使用命令类指令语居多，礼貌程度较低。这样的好处在于能确立起师生关系中教师的权威意识、能最大化地使学生理解老师的意图，但对学生缺乏适时鼓励，对学生的学习情绪和体验的关注度不足，显得教育冷冰冰的，没有温度可言。教学中，要多用启发式的、探究式的课堂指令，少用呵斥、恐吓、威胁等语言，更不要体罚、"口罚"或变相体罚学生，发挥体态语、面部表情等非言语手段的辅助作用。要充分尊重学生，既要严格要求，又要温柔似水，以自己的温情去引导学生、教育学生、感化学生。

提高课堂指令语的"效度"

有研究表明，命令式的指令效果最差，因为学生的自主状态未被激活或状态较弱，缺乏自我效能感。故导引式的指令效果最好，学生的自我意识被唤醒，进而激发学生"我要实现价值"的热情，提高了认知加工的激活程度。教学时，还要与学生认知加工的一般过程相吻合，应先引发"关注"，接着指引学生"识别"细节，然后对焦点问题"运演"加工，最后进行"巩固"。一般情况下，直接激活动手操作的指令具有最强语力，而紧随其后的言语指令很难再能有效地被学生感知，这时要谨慎下达这种指令，下达以后也要避免出现其他的指令。最关键的就是"说了就要做""做了就要有效果"，不要"光说不练假把式""说得多，做得少""把说了等同于做了"，这样才能提高教师在学生心中的威信，更能提高教学的有效性。

课堂上，教师的倾听与回应

> 重构教与学的关系，积极实施自主、合作、探究的教学方式，这需要从改变教师的"听"与"说"开始。

课堂教学的本质就是师生互动，课堂上最多的互动形式就是"听"和"说"。传统的课堂教学，老师说得多、孩子说得少，孩子听得多、老师听得少，看似热热闹闹，实质是教师的独白。"双新""双减"背景下，人们呼唤高质量的课堂，这须重构教与学的关系，积极实施自主、合作、探究的教学方式。然而，这种新型教学模式的建构，需要从改变教师的"听"和"说"开始。现以《找春天》一课为例来说"听"。

倾听

佐藤学曾说："倾听儿童的声音是教学实践的基点。"受传统教育观念的影响，教师最忌讳教学时因学生的"幺蛾子"而卡壳或中断，为了保证"课堂的顺畅"，教师们几乎不敢放开让孩子深聊、畅谈，所以对待孩子的发言，只是简单地应付一下，或者干脆不评价。这种虚假的教学行为，促成了虚假倾听，教师们只顾着自己的教学流程，而忘了仔细倾听孩子说些什么，更不会因为孩子的发言而改变自己的预设，教师讲的不一定是孩子想学的、孩子想学的老师不一定讲，致使教师教得不充分、孩子学得也不扎实。

教师对待孩子不能有"分别心"，真心地接纳每一个孩子，悉心倾听每一个孩子的心声，尊重每一个孩子的思考与感情。教师要营造信任、安全的言说环境，与孩子视线平行，善于从孩子的发言和动作中，听出困惑，听出内心的需求，甚至要倾听每个孩子的低语和沉默。进而找出联系，如这个发言与该生内在品性的关联，这个发言是由孩子的哪一句话引发的，等等。更要听出孩子的"最近发展区"，懂了什么，不懂什么，思考在何等程度上引发每一个孩子的潜能。只有这样，孩子才会越学越深沉，越学越知性，越学越安宁。

本堂课中，老师提出"你找到的春天是什么样的？仿照例句'小草从地下探出头来，那是春天的眉毛吧？'说一说。那是春天的_____吧"这一问题时，有孩子回答说："春天到了，小鸟由南方飞回北方，那是春天的宠物吧。"接着另一个孩子又说："春天，小鸟从南方飞到北方，那是春天的信使吧。"老师简单地评价道："把'小鸟'比作'宠物''信使'非常好。"例句是比喻句，仿写也是写比喻句，"小鸟"本可以是"宠物"，不是比喻。春天，鸟是由北向南飞，这里或是孩子缺乏生活经验，抑或是口误，但两个孩子都这样说，老师应该仔细倾听并予以纠正。

回应

教学就是对话，教与学是双向的互动，有来必有往。课堂教学中，积极的教师回应有利于孩子的深度学习，而消极的回应则会妨碍孩子发展。当下，教师只注重提问，而忽略给予切合的回应，主要表现在：一是引导少，急于直接给答案，以"记住"代替"思考"；二是缺启发，给孩子"答题模板"，以"唯一"代替"多元"；三是不及时，冷却了孩子的求知欲；四是不耐烦，对简单的问题情绪不高，流露出"责备"的神情；等等。

教师要摒弃"快、省"的课堂回应方式，善于以"答"引"问"、以"问"促"教"，以精简、精准的话语与每一个孩子奏响同声向应、同气相求、荡气回肠的交响曲，进而顺理成章地推进学习进程。首先要做好"穿针引线"，孩子"好的发言"就像珍珠一样散落在课堂中，老师要通过适切的方式把它们串联起来，将其清爽地编织在一起，去支撑每位孩子的学习和交流，使其最初与日后发言的内容之间有质的提升。这样不但丰富了教师自己的经验，而且还深化了孩子的思考。

本堂课中，教师在教学 4 ～ 7 自然段时，提问："自读课文，边读边思考，孩子们从哪些景物里找到了春天？"孩子回答说："小草、野花、树木、小溪。"老师追问："有不同意见吗？"另一孩子说："小草、野花、嫩草、小溪。"这时老师强调道："是小草、野花、嫩草、小溪，为什么呢？在后文我们再学。"但教学"树木吐出点点嫩芽，那是春天的音符吧"时，老师却忘了这茬。

老师，课堂流程真心不宜过多

> 教学环节 2～3 个为宜，在时间分配上呈大喇叭形，越往下时间越充裕，终点处更要充分展开。

　　流程，指各项工序安排的程序。在课堂教学中，是从开课到结课的整个过程。语文课堂的教学流程是预设的，关节点也是精心设计的，这个设计就是我们通常所说的"教案"。

　　最简单的教案，分三个部分，即教学目标、教学准备、教学过程。教学过程，也是教学流程，传统的有"组（组织教学）、复（复习旧知）、新（新课讲授）、巩（巩固练习）、布（布置作业）"五步。新课程理念，要求从儿童视角出发，以生为本，倡导"先学后教、以学定教、顺学而导、少教多学"，这需要重构教学流程，充分考量教学的"起点在哪里""将要到何处""环节是否连贯""教学怎样展开""流向是否顺趟"五个方面。

　　一般来说，课堂上老师教什么、学生就学什么，老师教到什么程度、孩子学到什么程度。一个班 45 名学生，来自不同的社区、不同的家庭，他们接受的家庭教育不同、上的辅导班不同……致使 45 名学生带着 45 种经验走进同样的课堂。如若我们照搬照抄名师教案或教参勉强应付，孩子已知的内容老师"滔滔不绝"地讲，孩子不知的老师又"只字不提"，导致课堂教学的针对性不强，适切性不够。语文教学的起点，应着重两个方面：一是解读教材，二是摸清学情。我带着这样的问题聆听了《开满鲜花的小路》一课。

　　课上，老师指导读多音字"啊"时，另起炉灶，讲解并朗读了"二声'啊'：表示疑问。例句'啊，你说什么？''啊，怎么了？'""四声'啊'：表示赞叹。例句'啊，他是一个大明星。''啊，他表现真好呀！'""轻声'啊'：用在句末的语气助词。例句'你好啊。''鲜花真美啊！'"然后才回到课文"啊，通往松鼠太太家的路，成了一条开满鲜花的小路"。实际上，这样设计大可不必，课文中本身就有四声"啊"和轻声"啊"的句子，只需用好教材，读准读通，读出惊喜、赞叹之情即可。这样，既节约了时间，又用好了教材。

教学的终点，是教师预期达成的目标，是落实"课标"中的规定。但，我们的教案中，对"教学目标"的描述多数是虚的、短时间完成不了的，如"培养高尚情操""发展孩子个性""养成创造性思维"等，一节课能完成吗？所以，教学目标的制定一定要真实、具体、可测，一节课上完了，能达成多少就写多少，不要抄教参，不要"想当然"，让教师看得见，也让孩子看得到。

教学流程的走向虽是"预设"的，但教学内容却是"生成"的。也就是说，教学的具体内容是根据孩子的情况来调节和生成的，不是老师硬塞的。教学，就像涓涓细流，从一个环节流向下一个环节，最终抵达终点。要想课堂顺溜，连贯性很关键。老师需要调节孩子的发言，时时把握着课堂如何"流"、"流"向何方。当流向了"孩子不懂的、困惑的点"时，老师应在此处稍作逗留，盯准难点，展开教学，好好地进行疏导。

当下，在多数老师的课堂中，教学环节多、杂、乱，条理不清晰，层次不分明，教学环节应以 2 ～ 3 个为宜，在时间分配上呈大喇叭形，越往下时间越充裕，终点处更要充分展开。

本堂课中，老师指导读好"绚丽多彩、五颜六色、花朵簇簇"等四字词语和课后第二题时，先让学生找出"动物们都看到了什么"，再分别读词语、说意思、讲意思、读句子，然后出示图片让孩子说词语、读意思，最后出示"课后第二题"，又是通读、自说带点词的意思、请学生说意思、老师讲词性句式、让同桌说、请学生说、齐读老师出示的句子……用墨过多，融合不够。如直接聚焦"课后第二题"，拉通贯穿，既可读好四字词语，又可进行表达训练，这样才有时间让孩子深入读、细细品、充分说，教师教学才落实，学生学习才扎实。

课堂上不要"讲"而要"聊"

用"聊"来推进教学，促使课堂上有真自学、真问题、真对话。

理想的课堂是什么样子的？我想，老师们给出的答案肯定是五花八门的，因为每个老师的期许是不同的，给课堂的"画像"也是不一样的。

课堂是由孩子、教师、教材三者纵横交错构成的，怎样让课堂有效、有料，一直是教育人追逐的话题。梳理总结这些年观课议课的经验，理想的课堂应该具备"五个度"：一是课堂氛围的润泽度，二是教学内容的适切度，三是师生对话的深厚度，四是孩子思维的扩展度，五是教学效果的生长度。

教学是在师生之间、生生之间、学生与文本之间不断互动、对话、连接中发生的。传统的以知识为取向的课堂，放 PPT 演示课件，是名副其实的"三没"课堂："没有真自学"，自学时间短，内容太简单，低估了孩子的学习能力，致使课堂在低层次的目标层面打转转；"没有真问题"，大多数问题都是老师在自说自话、自问自答、自导自演，问题未从孩子中来，不能触动孩子真正的思想，不能切中所学知识背后隐藏的互相交织的逻辑交融点；"没有真对话"，没有老师、孩子、文本相互间的对话，即便有看似热闹的对话，也是各说各话，不是基于同一点，老师也没能将其串联起来，导致课堂机械重复，没有真正的学习发生。

究其原因，还是"讲"字惹的祸。因为老师们不敢放手，生怕控制不了课堂，还怕被孩子"带进沟里去"不好收场……所以多数教师宁愿"按本本来"，也不愿"越雷池半步"，过分注重预设，一旦出偏差立刻"悬崖勒马"。在这样的课堂上，教师们总在寻找那些精彩的回答、正确的表述、符合"标准答案"的论证，孩子的真实想法无法表达，教师也不想与孩子真诚对话，更无法分析孩子答案背后的真相，久而久之，孩子早已能够准确揣摩出教师的心思，或顺着老师说，或干脆不说……

要想课堂上有真自学、真问题、真对话，就须用"聊"来推进教学。一是营造氛围安心"聊"，教师要放慢教学的节奏，不急于接话，耐心等待，构建起平等、相互信任的学习环境，让孩子充分表达、尽情表达，说对说错都可以，建立起课堂上的安全感、归属感；二是以主问题激发"聊"，教师通过设置开放式的主问题，探底孩子的最近发展区，突破表层进入深层，实现"一石激起千层浪"，然后对其梳理、串联、归结，为其找到出口，顺势推进教学；三是互相倾听促进"聊"，构建倾听的学习，教师应把教材与学生、学生与学生、一种知识与另一种知识、孩子的现在与未来串起来，引导孩子运用理解、比较、评价、批注、创新等策略倾听同伴的发言，并在其发言后接续自己的所惑、所感、所思、所悟、所创，形成"交响"，使之后的发言与最初的发言在内容上有质的飞跃。

近期，聆听了部编版小学语文二年级下册《语文园地一》（第一课时），最欣赏一个环节——教学"咨询处"时，师问："假如找不到餐厅的位置，我们应该到什么地方去问？"一生回答道："咨询处。"老师追问："问什么呢？"这位孩子接着回答道："因为咨询就是找的意思。"老师继而追问："怎么个找法？"另一生答道："就是问别人。"老师顺势总结"咨询的意思是商议、询问"。紧接着，老师又对着该生问道："你从什么地方知道的？""咨有'口字底'，询有'言字旁'。"这位孩子回答道。师继续问："下次，我们在公园迷路了，怎么办？"同学们齐答："找咨询处。"老师在屏幕上打出"咨询处"三字，让全班齐读了三遍，巩固强化。这样的聊天式对话教学，从孩子中来，再到孩子中去，与孩子平等对话、心心相印沟通，让课堂变得有温度、有深度、有广度，才是我们追寻的好课堂。

如若课堂的其他环节都能这样，那就再好不过了。

载于《德育报》（2023 年 11 月），有改动

不妨放手让孩子试一试

"教"让位于"学"，教师让位于孩子，课堂上多放手让孩子试一试。

有一天连堂听了两节公开课，因事耽搁，进入会场时已经开始上课了。坐定后，扫视一圈，"沉闷"感不由得扑面而来。老师"严肃认真"，孩子"呆若木鸡"，课堂上有零星的孩子举手，并发出了弱小而颤巍巍的声音……孩子的笑容到哪儿去啦？我边记笔记，边思索着。在听到下面这个片段后，好似找到了答案。

师：通过作者的描写，你看到了什么？

生：河面很宽，水面平静，没有波浪。

师：你听到了什么？

生：三支桨有规律地在水里划，那声音就像一支乐曲。

师：这样的画面，这样的声音，你感受到了什么？

生：画面很美，很安静，作者心情很愉悦。

师：那你觉得应该怎么读这一段话？

生：怀着轻松愉悦的心情读。

……

这是课堂上常见的一段师生对话，师问生答，一问一答。这种教师"满堂问"、学生"满堂答"的教学，让孩子处于被动状态，很难激发孩子学习的热情。激情没有了，笑容也跟随着跑了，课堂自然就"沉闷"了。落实"双新""双减"，要有高质量的课堂，需要"教"让位于"学"，需要教师让位于学生。

一要抓纲带目，忌零碎

师问生答是课堂互动交流中最普遍、最主要的方式，有着"激活旧知、促进思考""收集信息、调控课堂""训练表达、发展思维"等功效。然而，在当下的一些课堂上，由于老师提问过多或提出的问题认知层次过低等原因，碎问碎答现象频频出现，孩子无须深度思考、深层学习，只需稍加回忆或简单阅读即可作答，致使孩子学习质量不高。

教师提问的有效性，决定了孩子学习的有效性。教学中，老师需要设置"主问题"整体引发，把孩子与孩子之间、知识与知识之间、孩子的现在与未来之间用某种关系串联起来，变灌输为引发，变碎问碎答为整体思维，牵一发而动全身，让孩子在交流、合作、对话中习得、思考、探究，以抓纲带目实现纲举目张。

二要适度放手，巧让位

随堂听课时发现，老师们总是离不开"碎碎念""婆婆嘴"，往往一讲到底，而且经常"拖堂"。问其原因，老师们总觉得"这也该讲，那也该讲""生怕没讲到""讲了才安心，不讲不踏实"，试问：牵着走，包办代替，老师倒踏实了，孩子"踏实"了吗？

新课程倡导自主、合作、探究，要摒弃"教师讲到了，孩子就学到了"这种传统的教学观念，不要一味"牵着孩子的鼻子走"，而要充分相信孩子的无限潜能，尊重孩子的主体地位，让位于孩子，让学于孩子。为孩子创设自主学习的时间和空间，从"我给孩子讲懂了"到"我指导孩子学会了"，孩子讲时，老师听；孩子蒙时，老师导；孩子疑时，老师讲，培养孩子的自主意识，放手让孩子独立实践。

三要自主提问，增热情

当下的课堂上，有个普遍的现象——年级越高，孩子越不举手，"一言堂""满堂灌"的课堂越比比皆是。没有孩子的学习反馈，老师只能自说自话，课堂死寂、沉闷的氛围可想而知，教学走向糟糕也为理所当然。

要想课堂不沉默，最好的办法是变"要我问"为"我要问"，让孩子自问、自析、自答。美国学者布鲁巴克曾说："最精湛的教学艺术，遵循的最高原则就是让孩子自己提问题。"老师要为孩子创设安全的提问环境，鼓励孩子提出问题，培养孩子的问题意识。教学中，不仅要指导孩子凝练问题、清晰准确地提出问题的策略，还要递给孩子提问的锦囊，指导孩子如何直接提问、正向提问、对比提问、逆向提问、联想提问等，不断推动提问的进阶。

"新四清"培养"三有"新人

"每单元，清任务""每堂课，清收获""每一天，清疑问""每一周，清成果"，高质量培养时代新人。

生活中，常常见到这样的现象：家长们都觉得学龄前的孩子懂事、聪明、乖巧，是"人中龙凤"，都想把他们培养成社会精英；小学低段，家长们激情满怀，个个摩拳擦掌，跃跃欲试，孩子的学习成绩也大多优秀，近一半孩子的还是满分，但人各有异，为数不多的几个家长也只得接受这个差距；到了小学中高段，特别是进入四年级后，孩子们的差距好似越来越大，层级越发清晰，部分家长也只能接受孩子"平庸"的现实；进入中学后，差距更明显，出现了分流，好些家长连家长会也都懒得去开。

有关科学研究表明，人的智商几乎无太大的差别（个别先天特殊的除外）。导致学习分层明显的原因是什么？经现象分析，并理论归因：学习习惯不同。随着年级升高，学习难度加深，有些孩子越学越吃力，今天欠一点，明天欠一点，雪球越滚越大，阴天驮稻草越驮越重，最后大腹便便，走不动了。

人们常说"今日事，今日毕"，这是"清"的"尽、完"之意。前些年把堂堂清、天天清、周周清、月月清当作判教评学的一个标准，让该背诵的会背诵，该运算的能运算，保证课本知识"颗粒归仓"。这在以教为中心的年代，堪为师生制胜法宝。

时光穿梭至今，进入了"双减"时代，走进了素养时代。人到并不代表心到，心到也未必行动。时下"碎片化"的教学内容，"满堂灌"的教学方式，"勤刷题"的学习陋习，导致"少慢差费"的课堂依然存在。"四清"之价值在于落实，对于"硬指标"知识技能来讲，还有其积极的作用。但毕竟语境变了，提升素养不仅需要"双基"，还需要思维创造、质疑批判、沟通协作等"软技能"，因此"四清"应与时俱进，接受时代赋予的新内涵。

"清"还有"清楚、明白"之意。新课标下，教学应从以教为主走向以学为中心、从零碎散乱走向结构教学、从低阶浅表走向高阶深层，构建起"每单元，清任务""每堂课，清收获""每一天，清疑问""每一周，清成果"的"新四清"，以高质量培养有理想、有本领、有担当的时代新人。

单元是承载课程内容的基本单位。教学设计时，应系统整体地进行建构，清楚单元核心概念、教学目标、知识结构及其联系、课程资源、教学程序、评价内容及方式、推进程序等。制定"单元学习报告单"，涵盖学习目标、知识框架图、达标检测题，让教师明确教之内容，让学生明白学之任务。

课时教学，应先学后教、多学少教、讲练结合、当堂检测，作业分层次，让学生自主选择，自我超越，鞭策激励。每堂课应有 5 分钟以上的总结复盘，查清自己所学知识结构、学习认知策略，同时思考有待解决的问题，并提出新问题，让学生清楚收获。

每天放学前应有 30 分钟的整理时间，让学生围绕当天的任务创编代表性习题，同桌或小组内交换解答批阅。还要安排学生翻阅当天所有学科的疑问，清理已经解决的，合并相似同类的，记录新发现的，让学生清楚自己的疑问，促使他们自主深度地学习。

每周五下午是学习成果盘点时间，学生通过绘制思维导图、制作学习成果单等方式，回顾知识，分类归因，纵横联系，整理错题，呈现自己的学习成果可视化"产品"，让学生从登山栈道步入阡陌交错、盘根错节的丛林，时而欣赏小花，时而轻抚小草，时而仰望大树，逐步获得整个样貌和结构。

这样，既"完清"对知识与技能的掌握，又"清楚"自己的任务与问题，收获与成果，既遵从了学生的认知规律，又提高了其学习质量。

作业让学习自主有效

设计有效的、生活的、有趣的作业，调动学习积极性，发展高阶思维能力，提高教学质量。

"双减"要求减轻孩子们过重的作业负担，这既需要把过量的、低效的、重复的作业减下去，更需要设计有效的、生活的、有趣的作业来调动学习积极性，发展高阶思维能力，提高教学质量。

课前作业，先学后教，把握学情

学习力的关键在自学能力，让孩子先预习，再完成课前作业能很好地培养孩子的自学能力，更是老师了解学情的最好方法之一。时下，很多老师本着"教材要求教什么，我就教什么"的观点去教学，他们不知道"学生在哪里"（已知什么？能做什么？对什么感兴趣？遇到了什么困难？），好像也不愿意去了解"学生在哪里"，不从学生的既有经验出发，照着课本自以为是地去教，教师走不进学生，教学也扎不下根。

教师应通过让孩子借助相关工具"自读教材""动手实践""尝试练习""提出问题"等，让他们自主预习，从而关注"他们在哪里"，把孩子已有的知识经验作为教学的起点。这样教师教学时更能有的放矢、对症下药，提高孩子学习的热情以及教学的有效性。也能让学生找出疑难之处，提高听课的效率。

教学前，老师应编制分层性且用时较少的预习单，正式上课前两天让学生预习并写作业，前一天交给教师批改，便于教师收集学情后优化自己的备课内容。如在教学"连除、乘除混合式题的运算顺序"时，针对不同层次的学生设计课前作业：

1. 说出下列计算的运算顺序。

$800 \div 8 \div 5=$　　　　　$126 \div 7 \div 6=$

$600 \div （2 \times 3）=$　　　　$135 \div （3 \times 3）=$

2. 每个书架有 3 层，把 300 本书分别放到四个书架上，平均每个书架每层放几本书？请画一幅图来说说你的分析过程。

课中作业，紧扣目标，举一反三

俗话说"十个手指不一样长""一龙生九子，个个不一样"，孩子的学习能力因人而异，也有强弱之分的。另外，孩子也不是带着"空杯子"进入课堂的，他们在学习该知识点时或多或少有一定的经验，课上的学习只是知识的改造或重组。如若课堂练习时，布置同样的作业，学困生做不了，学优生没兴趣，无法实现巴班斯基倡导的"最优化教学"。

因此，我们应正确看待个体差异，满足孩子的个性化需求，基于且略高于孩子当下水平的"最近发展区"，布置有难易梯度和深浅层次的适切性作业，让他们"跳一跳就能摘到苹果"，让每一个孩子都能达成略超自己能力的目标。探索建设"ABC 版"选择性作业资源库，进行同一知识点"举一反三"（参考教材原题，变式列举三道题，即：= 本难度的、> 本难度的、< 本难度的），学生根据自己的情况弹性选择要完成的题目，完成后再挑战另外两道题，以期达成删繁就简、分层有序、精练有度的课堂练习。

如教学人教版数学五年级下册《因数和倍数》一课时，学生的易错点是"3 的倍数特征"。对此我们设计了三个层次的作业：

1.= 本难度的

例题：在下列□里填上合适的数使它是 3 的倍数，把符合条件的所有数字都填在括号里。

506 □ （　　　　）

32 □ 4 （　　　　）

6 □ 35 （　　　　）

2.> 本难度的

例题：从 0、4、5、8 中选出三个数字组成符合下列要求的数。

（1）既是 2 的倍数又是 3 的倍数。

（2）既是 3 的倍数又是 5 的倍数。

（3）同时是 2、3、5 的倍数。

3.< 本难度的

例题：在 3 的倍数中，最小的两位奇数是（　　），最小的两位偶数是（　　），最小的三位奇数是（　　），最小的三位偶数是（　　）。

课后作业，融会贯通，应用生活

作业不是给孩子徒增烦恼，而是为了让孩子生活更美好。当下老师们秉持"只要增加作业量，就能提高学生成绩"的作业理念，依靠一本又一本"教辅"，简单随意、机械重复地拼凑作业，致使老师"改得苦"，学生"做得累"。缺乏作业横纵结构的思考，看不到知识之间的生长与联系，迫使孩子长期处于单一封闭、被动无趣的作业环境中，导致学生学习动力不足、思考深度不够、品质不高。

教师应立足高远看清知识全貌、摸清教材脉络，聚焦"数学与生活"，注重感官间的融合，重视知识间的联系，删减重复性作业，增补探究性作业，激发学习兴趣，让孩子在操作中感悟体验，进而在触类旁通中发展思维，并解决生活中的实际问题。

教学人教版数学四年级下册《乘法分配律》一课时，我们把精力大都花在了简便计算上。事实上，这个知识点与笔算等知识都有内在的联系。

1. 在"笔算"上，如"12×16=192"，实际可以转化成分配乘法 12×（10+6）=6×12+10×12=192。

2. 在求"面积"上，如"有两块连着的长方形菜地，宽都为 3m，长分别为 6m 和 4m，求菜地的面积？"，列式 6×3+4×3=（6+4）×3=30 ㎡。

3. 在求"周长"上，如"计算长为 5m、宽为 4m 的长方形的周长？"，列式（5+4）×2=5×2+4×2=18m。

4. 在"解决生活问题"上，如"在 200 米的环形跑道上跑步，小红第一次跑了 4 圈，第二次跑了 2 圈，他一共跑了多少米？"，列式 4×200+2×200=（4+2）×200=1200m。

载于《德育报》（2023 年 11 月），有改动

孩子的坐姿还真得重视

为孩子的生命成长负责，我们应重视孩子的坐姿。

　　谈及坐姿，教师和家长都会"输出"一大堆语言，什么坐姿不好，会直接影响书写质量；什么坐姿不良，会影响眼睛发育，容易造成视力下降；什么不良坐姿，会造成颈项肌疲惫，影响颈椎发育，还会造成姿势性驼背；等等。所以，在重要性方面不用过多普及。

　　然而，研究显示，青少年读写姿势不良现象极为普遍，不良率高达70% ~ 85%，这个数据令人震惊，究其原因，应是多方面的：一是自制力不强，小孩子自控能力差，随心所欲，我行我素，往往是提醒一下，纠正一下，话音一落，背又驼了；二是重结果轻过程，受传统观念影响，教师和家长片面地追求分数，对于在获得分数过程中牺牲的东西却抱着无所谓的态度；三是课业负担过重，大篇幅的作业，大剂量的补习，压得孩子们喘不过气来，他们压根不想用规范的坐姿来约束自己，因为这样会影响书写的速度。最主要的原因，我认为还是认识的问题，因为对坐姿的认识不到位，所以重视的程度不够。

　　有的家长始终抱着"我要的是葫芦"的态度，只要孩子的学习成绩好，至于坐姿习惯什么的，可以不管不问。有了这样的认识，导致家长辅导作业时，只关心是否完成以及完成质量，忽略了对过程的监管。而有的老师则认为，自己的职责仅仅是帮助孩子取得好成绩，忘记了关心孩子的身体，对孩子的身心发育问题视而不见。由于认识程度不高，致使孩子们的不良坐姿每况愈下，到最后已经是非"治"不可了。

一、规范孩子的课桌椅

孩子课桌椅的尺寸和功能，会直接影响到孩子的学习效果和学习时的舒适度。学校层面，应严格按照《学校课桌椅功能尺寸及技术要求》的国家标准进行选购，从源头上抵制不合格的课桌椅进校园。最好能配备可调式课桌椅，且各种型号均有一定数量的配置。班级层面，班主任不要为了整齐美观，选择同一种型号的课桌椅，应结合不同孩子的身高水平，为每一位孩子量身选择适合的课桌椅，使其能"对号入座"。定期观察测量孩子的身高，及时调整课桌椅至合适的高度。

二、配置坐姿矫正器

根据 2018 年教育部等八部门联合印发的《综合防控儿童青少年近视实施方案》和 2021 年教育部等十五部门联合印发的《儿童青少年近视防控光明行动工作方案（2021—2025 年）》的精神，本着"预防为主，防控结合"的原则，学校在健康教育干预的基础上，配置坐姿矫正器进行辅助矫正，协助孩子端正坐姿，养成正确坐姿习惯，从根本上杜绝错误坐姿。

三、规范孩子的坐姿

在坐姿矫正器的帮助下，教师应严格规范孩子的坐姿，即"头正、身直、肩平、足安""一尺一寸一拳——眼离纸面一尺远、手离笔尖一寸远、胸离桌沿一拳远"，除每节课进行 1 ~ 3 分钟的坐姿训练外，要不厌其烦地随时提醒，让孩子形成一种正确的肌肉记忆。值得提醒的是，孩子坐椅子时，有些靠在椅背上，有些又只坐椅子的边沿，这样都不利于规范坐姿，应坐椅子的前三分之二处，既不能靠椅背，又不能使屁股与椅面的接触面积太小。

叶圣陶先生说："什么是教育？简单一句话，就是要养成良好的习惯。"养成良好的坐姿习惯，不但有利于提高孩子的书写能力，还有利于锻炼孩子的意志力、形成学习定力、提高孩子自我约束和自我调控能力，促进孩子的身心健康。现如今，在"双新""双减"背景下，学校、老师、家长应达成共识，为孩子的生命成长负责，为孩子的生命成长而教，抓小抓早，坚决落实，持之以恒。

医治孩子的执笔错误

> 练字先练姿，正确的执笔姿势不但是写好字的前提，更能培养孩子良好的习惯。

形成执笔错误的原因是多方面的，首先不重视是最主要的原因。目前不少孩子认为："字写得漂不漂亮并不重要，只要写得对就行，至于怎样执笔，那就更无关紧要，只求写得顺手，写得快。"二是孩子在入学前，在家里或幼儿园里刚学会拿笔时，很少有人给他们讲正确的执笔姿势是什么样的，家长只关心孩子会写什么，不在乎执笔姿势是否正确，许多孩子在幼儿园里已经开始学习写字了。三是教师只关注孩子字写得好坏，不重视对孩子执笔的指导。四是现在大部分小孩子从一年级开始，就使用市场上常见的细铅芯铅笔。众所周知，这种笔在书写时铅芯容易折断，为了使笔芯不经常被折断，办法之一就是在书写时将铅笔尽量地竖起，久而久之，使孩子养成了不良的执笔习惯。

药方一：用校长的正确引领医治

校长要引领教师重视孩子书写，落实上级部门关于在中小学加强写字教学的意见，把孩子书写纳入教学常规检查，并实施奖惩。

在学校重视孩子书写的大环境下，开展年级或班级的执笔教学研究，让教师深知执笔教学的重要性，将行政命令变为自觉行动。

药方二：用教师的言传身教医治

用录像端正态度。摄录本班孩子在日常学习中正确、不正确的执笔姿势，制成视频在班级放映，并开展讨论，让孩子明白姿势不正确可以导致躬腰、驼背、斜眼、近视等生理残疾，从而引导孩子自觉坚持正确的执笔姿势。

熟知正确的执笔方法。练字先练姿，没有正确写字姿势，是不可能写好字的。教师应在教室前方张贴正确执笔姿势的动作分解图，让每个孩子真正懂得正确的执笔方法。对于一些不良执笔姿势已根深蒂固，一时无法矫正过来的孩子，可以使用握笔器等辅助器材。

教师"领衔主演"。针对儿童特点，自编儿歌："老大捏左面，老二放右面，老三垫笔下，五指齐用力，书写真灵便。"通过示范、实物投影等方式从不同的角度展示正确的执笔姿势，手把手纠正，并进行针对性的练习，指导孩子反复练习，使孩子掌握正确的执笔要领。

教师做"金牌主持"。一是严要求。俗话说："严师出高徒。"孩子的执笔姿势训练容不得半点马虎。教师要严格要求孩子，一定要求孩子用正确的执笔姿势书写。二是细观察。在平时作业中，针对出现的问题，教师要及时采取措施，帮助其改正。三是有耐心。小孩子的自制力差，有时一个坏毛病要重复出现，这就需要教师要有耐心，反复强调。四是减负担。孩子执笔姿势不正确，很大程度上与孩子课外作业过多有关，教师要想办法提高课堂效率，特别是低年级的教师，一定要给孩子留充分的作业时间，并让孩子在教师指导、监督的环境中书写。

药方三：用孩子自身医治

一是温馨表扬，积极鼓励。面对不规范的姿势，给予建议性或鼓励性的话语。二是树榜样。评选执笔姿势最好的同学张榜公布，供大家学习，鞭策其他孩子更加努力。三是开展竞赛，个性品评。进行"今日最佳执笔姿势""每周一星"等评选活动，激发动力。

载于《书法报·硬笔书法》（2008 年 10 月），有改动

语文课中写字教学不容小觑

写字教学具有专业性，加强语文课中的写字教学，提高写字教学的有效性。

《义务教育语文课程标准（2022 年版）》对小学阶段的写字教学提出了"规范、端正、整洁、美观、并有一定速度地书写汉字 2500 个左右"的要求，可现实情况却不容乐观、令人担忧，能把字写得漂漂亮亮的孩子凤毛麟角。

究其原因，应是多方面的，着重体现在三个方面。一是观念上，很多教师和家长认为"没有必要"练字，键盘一敲，打印机一开，打印体比手写体更加规范、美观；还有的认为，写字是造成孩子负担的"罪魁祸首"，因为"减负"的焦点是作业，而大多数作业都要靠写来完成；更有甚者，把眼睛近视也迁怒在写字上。二是专业上，教师缺乏书法专业知识，也没有经过系统性的训练，导致"自己的字都一般般"甚至"有碍观瞻"，指导孩子时哪还有"底气"呢。三是方法上，教师受"讲课"的影响，教学写字时，指导的时间多于孩子书写的时间。分析字形结构时，不能把握住关键要素，讲太多细枝末节，孩子接收到很多的碎片化信息，却不知道怎样落笔。实际上教师分析得越细，孩子书写的顾虑就越多，就越不知道怎样写。

写字，不仅仅承载着沟通交流的实用功能，对培养孩子的综合素质也有着重要的作用。第一，能促进孩子身心的健康，写字对脑神经活动、认知能力、人格、情绪管理、心理健康等方面有着积极的影响，也是治疗精神疾病的一种可行手段；第二，能培养孩子良好的习惯，写字讲究头正、身直、肩平、足安的坐姿，也讲究掀、押、钩、格、抵的执笔姿势，更讲究点法、字法、句法、章法的融会贯通，要求心、眼、手并用，凝神静气，全神贯注，写字能使孩子养成耐心细致、集中意志、不怕困难等优良品质；第三，能提高孩子高雅的审美，鲁迅先生曾说："我国文字有三美，意美以感心、音美以感耳、形美以感目。"写字的过程就是一个感受美、探求美、领悟美和表现美的过程，写字有利于提高孩子健康的审美意识和正确的审美观念；第四，能增强孩子的文化自信，汉字是中华民族的宝贵财富，是先辈前贤们智慧的结晶。孩子在一笔一画的书写中，感受中华传统文化，锤炼高尚的德行，激发民族自豪感，进而认同中华文化。

语文教学中，加强写字教学，应是必然，且迫在眉睫。

一、提高写字教学的有效性

教师应在语文教学中，重视写字教学的地位，充分保证孩子写字的时间，少讲多写，以写为主，每节课书写时间不得少于 10 分钟。在教学时，先让孩子尝试着书写，充分暴露其不足；接着，教师归类孩子的不足之处，选择 2～3 个有代表性的生字，对孩子有针对性地进行指导；最后，孩子运用老师指导的策略，再次进行书写。

二、提高写字指导的专业性

写字指导时，教师不要随心所欲地碎问碎讲，而要调动孩子的感官运用分析、观察、比较等方法，让孩子掌握书写规则和技巧。其指导策略为"三看"，即一看结构，分清字形是左右、上下还是包围等结构；二看组合，注意观看部件之间组合的宽窄、高低、疏密，包围结构看疏密，上下和左右结构看宽窄、定比例；三看笔画，先找主笔：横画找长，竖画找中，撇捺找长，主笔突出，再匀称：重心稳，左右匀，内心收，外围放。

三、提高写字评价的激励性

写字教学中，教师要及时展开评价。注重评价的准确性、导向性和鼓励性，制定简约而精准的评价标准，如结构正确得★、组合美观得★★、笔画稳健得★★★。先引导孩子自评，对照范字进行检查，纠正不足；然后同桌互评，最后教师抽取部分作业点评，既要充分肯定，又要提出明确的改善意见，还要提出新目标。

面对 "接话" 的孩子怎么办？

孩子在克服自卑感的过程中会犯一些错误，"接话" 就属于这类错误。"破解密码""建立规则""和善而坚定"，既能 "治标"，还能 "治本"。

近日，我走进了一年级语文组，共商共研 "提高控堂能力""促进孩子朗读""提高目标达成度" 这三个话题。

第一节课例是一首儿童诗《怎么都快乐》，前半程老师把控得还算好，但因为一个孩子的 "接话"，导致课堂思维含量不高。

开课后，老师出示了抓拍孩子平时玩耍的情景，让孩子回忆快乐的游戏，以此导入新课，进而指导读好课题。接着是初读课文，先让学生自由朗读，读准字音，读通句子，标出小节，再是老师范读，最后叫学生读。当孩子读完第二小节，老师表扬学生 "讲故事得有人听才行" 的 "得（děi）" 读得准，并提问："能为 '得' 字组个词吗？" 老师的话音刚落，一个孩子脱口而出 "好的"，回答问题的孩子不假思索地回答 "好的"……教学 "得" 的意思时，这位孩子又冒出一句 "必须"，其他孩子也受其影响，纷纷蹦出 "必须" 等答案……搞得整个环节都被这个孩子带跑了，孩子们没有自我思考能力，人云亦云，老师蒙了，课堂气氛也跑偏了。

类似这样不举手就发言的现象，我们叫它 "接话儿""接话茬" 或 "乱插嘴"，老师们对其很是反感。

经观察可知，"接话" 的孩子大致可以分为两类：一类是无意的，这种孩子多数性格开朗、思维敏捷、厌静好动，缺乏规矩意识，一旦触碰到他们的思弦，无意识的话语便会脱口而出；另一类是有意的，他们调皮，无事找事，故意"接话"逗笑，寻求关注。

阿德勒曾告诉我们，"所有人的首要目标都是在追求归属感和自我价值感"。无论是无意"接话"，还是有意捣乱，都是孩子们在克服自卑感的过程中犯的一些错误而已。作为老师，不能简单粗暴地采用"当众吓喝""罚站""口罚"等方式应付了之，因为这些方法"治标不治本"，而要运用教心学原理从容地应对。

一要破解密码。面对孩子发出的挑战，我们要破解"行为背后的密码"。"接话"这个错误行为，给老师的感受一般是心烦或恼怒，当给予他们一对一的关注时就会停止，他们的密码信息是"注意我，让我参与"，这是在寻求过度关注。

二要建立规则。教师要放弃"赢了孩子"的念头，先静下心来，认可其感受，通过传递爱的信息与孩子共情连接，建立亲密和信任；然后以尊重的方式，与孩子一起寻找有效的解决方案，如设定一些无言的暗号等，建立行动清单，赢得孩子的合作。

三要合作共赢。在执行的过程中，老师们不能走极端，而要做到"和善而坚定"。和善，即为"针对孩子的挑战冲突行为，我们先认可其感受，表现出理解"；坚定，即为"在约定好的事情上坚持到底"。只有这样的合作，才能赢得孩子的信任，才能"师慈生善"。

一张不干胶惹乱的课堂

> 站在儿童立场，把孩子的行为往细里想、往深里想，便能从容面对。

　　我和老师们一起聆听《千人糕》的第二课时，这节课的主要教学目标之一就是完成课后第一道习题"默读课文。借助插图，说说米糕是经过哪些劳动才做成的"。为了更好地达成教学目标，让老师教得落实、孩子学得扎实，使之"实之又实"，备课组经过商量，准备运用思维导图作为学习支架来帮助孩子更加清晰、更有条理地深度学习。

　　老师经过简短的"复习巩固"后，便进入了新课。首先，老师问"请大家默读 6 ~ 9 自然段，看看千人糕是怎么来的？"这一问题没有什么难度，孩子一看便回答："由大米和糖做成的。"接着请学生读"爸爸"和"孩子"的对话，其余同学读旁白。继而，师生共同探究大米是怎么来的，从"聊天"中总结出"种子、农具、肥料、水→稻子（加工）→大米（磨）→米糕……"的思维导图，并贴在黑板上。老师还出示相关图片，让孩子说一说大米的来历。这一环节，孩子专注度高、积极发言，老师沉稳应对，课堂氛围民主和谐，教学效果也非常好。

　　接下来，轮到探究"糖是怎么来的"。老师采取了小组合作，事前把"甘蔗汁、甘蔗、甜菜汁、甜菜、熬、榨、包装、送货、销售"等词语印制在不干胶上，并在课前发给了孩子。当老师发出"用同样的学习方法，同桌两人合作学习……"的指令后，课堂上顿时展开了讨论，同桌两人中，一人在文本中寻找，一人撕贴不干胶，老师巡视其间，一派暖融融的场面。接后，便是小组汇报展示，揭示了"糖"的来历。

"默读第9自然段，搜寻答案，说一说自己的感受。"老师又一次提问，这次收到的回响却没有之前那么强烈，孩子们好似失去了激情，手上把玩着剩下的不干胶，有的同桌之间扔来扔去，有的将其搓成条条，有的将其粘在别人的身上……还有一桌因为"扔"不干胶产生了矛盾，甚至拳头相加。后半节课，无论老师采用怎样的眼神提醒，怎样的动作示意，孩子们还是自顾自地，视而不见，无动于衷。一堂好端端的课，就因一张不干胶而废了。

在低学段教学中，课堂失控的局面经常会出现，怎样才能把握课堂，让老师"管得住"学生呢？这还要从小学一二年级孩子的年龄特点说起。"好奇、好动、好模仿，注意力集中时间不长，不善于自我控制……"这些都是对他们的形容。当有了可以"玩"的东西，他们的注意力已经被转移了，怎能还集中在老师身上呢？如若老师在小组汇报展示后，让孩子们集中把不干胶收起来，课堂便还能收放自如。

是的，在低学段教学中，针对孩子的学习习惯，不是老师口头上讲一讲、孩子课前念一念"专心听讲""积极发言"就能了事的，而要站在儿童的立场上充分估计他们能想出的花招、能蹦出的"幺蛾子"，往细里想、往深里想，至少往里想三层，这样才能在课堂上从容应对，才能"兵来将挡水来土掩"，才能"见招应招，见招拆招"。

载于《教师报》(2024年3月)，有改动

最好的学习在路上

> 以"概念群—问题链—目标层—任务族—证据集"为核心，设计"项目＋问题""旅游＋教育"的主题，让研学从"随性"走向"课程"，让学生通过行走解决实际的社会问题。

研学旅行，其本质是生活教育，让孩子走出家门，走出校园，走出书本，走进天地大课堂去感受五彩斑斓的世界，走进广袤的乡村原野去领略乡音乡情的民风，走进恢宏的历史遗址去领悟中华精深的文化，在动手动脑中学会生存生活，在亲力亲为中学会做人做事，它是实现立德树人根本任务的重要载体，也是学校教育的重要延伸，更是跨学科主题学习的一种方式。

时下的研学课程可谓品种多多，红色研学、科技研学、乡村研学等各式各样、琳琅满目，但仍然存在规划不系统，课程性不够，学科融合度不高等问题，只旅不学或只学不旅、游大于学或游而不学等现象突出，导致研学走马观花、流于形式、质量堪忧。更有些学校，打着研学旗号，组织补习、竞赛、考试等。

研学之本质是教育，其目的在育人，学校应主导设计基于国家课程校本化实施的研学旅行课程，以"概念群—问题链—目标层—任务族—证据集"为核心，设计"项目＋问题""旅游＋教育"的主题，让研学从"随性"走向"课程"，让学生通过行走解决实际的社会问题。如重庆的重要旅游资源"三峡"，是古时交通要道，乘轻舟过万重山的李白、从巴峡穿巫峡的杜甫等文人墨客都曾在这里留下了行路难的文字，新时代的重庆还是"蜀道难"吗？我们可以多角度分析三峡及重庆的资源和文化，设计"如果时光能'倒流'，'李白

185

等人'该买哪一站票？"的研学旅行活动，让学生梳理"跨越千年的'人在囧途'"、分析"当今重庆的'交通网络'"、体验"出渝通道的'水铁公空'"，挖掘研学背后的深厚内涵，让孩子们在体悟大好河山的同时，体会家乡的文化、时代的进步、国家的富强，在"行万里路"中"读万卷书"。

研学之主体是孩子，跨学科设计时应站在儿童的立场，避免"资源臃肿"的无用累加，设计孩子喜欢的方式，在真实场景中解决真正问题，让研学既"有意义"，更"有意思"。如"走进博物馆"课程融入了语文、道德与法治、美术、科学等学科知识，设计时应先让孩子们提出自己的问题，让孩子带着问题走进博物馆。实地研学时，不仅要解说导览、专题讲座，更要互动游戏、角色扮演、动手实践，创造性地开展教学，用活博物馆资源。数字研学时，充分利用 VR 展馆、全息宝盒、数智大屏、好奇空间、博物之窗等板块，拓展博物馆课程的时间和空间。

研学之效果在于评价。行动前，应基于研学主题设计制定教学方案和学生手册。行动中，可以让孩子们通过拍照、记笔记、记手账、写感悟等方式记录所思所感所悟，让孩子们边走边学，边学边记。行动后，要通过与同学分享、与家长交流等形式多元展示，共学互评，总结提炼，将研学的资料存入成长档案袋，让学生真正达到"研有所思、学有所获、旅有所感、行有所成"。

在中庸观点下解决孩子"顶嘴"问题

用中庸的观点回应孩子，中正仁和，持中而立，不偏不倚，过犹不及，不争辩，不打骂，让孩子的行为自然产生逻辑后果。

作为父母，面对孩子犯错，一般的反应有两种：一种是，对孩子的攻击视而不见（实际上是鼓励这种行为）；另一种是，阻止这种错误，但把它升级为一场消极的争吵。这两种反应都无益于问题的解决，第一种放任孩子，将来会越来越不好管；第二种，整个家都"地震"了，会有喋喋不休，无休止的争吵。

一、"顶嘴"原因

每个孩子都会尝试"顶嘴"，其原因有以下三点。

一是寻找位置。每个孩子都在寻找拥有自我价值感的途径，他们常常会通过寻求权利和赢得关注的行为找到自己的位置（孩子的不良行为都是为了寻找他们的归属感和自我价值感，一个不能通过正面行为找到归属感和自我价值感的孩子，就会选择通过负面行为来找到）。

二是效仿榜样。父母有时对配偶、家人或朋友说话粗鲁，或者通过使用粗暴的语言或冷嘲热讽试图控制孩子的行为，这给孩子做出了顶嘴的示范。有的电影电视、网络游戏等媒体，以"顶嘴"来塑造明星人物，这也给了孩子一种不好的心理暗示。

三是同伴影响。受同龄人的强大影响，认为自己有了"做自己想做的任何事、说自己想说的任何话"的自由，孩子们便有了顶嘴的胆量。

二、如何解决

1. 中庸的做人观点

《中庸》是我国古代儒家的经典著作，被朱熹列为"四书"之一，集中体现了儒家学派的政治主张、伦理思想、道德观念和教育原则等，是我国传统文化思想的源头，也是中国人的智慧宝库。

《中庸》说："喜怒哀乐之未发，谓之中；发而皆中节，谓之和。中也者，天下之大本也；和也者，天下之达道也。致中和，天地位焉，万物育焉。"意思是说，人们的喜悦、愤怒、哀愁及快乐情感还没有表现出来，就是"中"；而表现出来但都合乎时宜和礼节，就是"和"。"中"是天下人的根本；"和"是天下人遵从的原则。达到了"中和"的境界，天地也就各在其位了，万物也就生长发育了。由此可见，《中庸》所谓的"中"，就是教人如何处理好内心的各种情感，让内心保持一种平静和平衡。只有这样，才能获得宁静、幸福的生活。

这种观点，用在我们的家庭教育中更是适合，教育孩子"中正仁和、持中而立；不偏不倚、过犹不及"。

2. 对付顶嘴四步法

第一步，事先说断。提前想好一个最符合逻辑的后果，有任何顶嘴或粗鲁行为时，都不能做他想做的或计划做的事情。把后果与孩子的冒犯行为联系起来，比如：向孩子指出，在顶嘴之后，父母要将某种东西收回，这就是顶嘴的后果。如："如果你没有完成阅读，就不能看电视。"

第二步，辨别顶嘴。检验顶嘴的方法：一是言语的，如果那些话使你感到伤心、尴尬、烦恼、无助，那就是顶嘴。这些话的目的是想控制住你，用的是抱怨、刻薄、嘲讽的口气，像毒镖一样让人立即失去行动的能力，如"我讨厌你""闭嘴""你不能强迫我""我不"等。如果只是为了表达感受，真诚的沟通，用的是实事求是的口气，如"妈妈，你为什么总是发脾气""爸爸，请不要对我大声喊叫"等，不应被视为顶嘴。二是非语言的，如翻白眼、叹气、简单的几个字（"好的""知道了""无所谓"）这也是顶嘴。辨别顶嘴时，孩子说话的内容并不重要，重要的是说话的语气和态度。

第三步，实施后果。要想收到良好的效果，顶嘴的后果必须立即实施，不论孩子怎样恳求并承诺改变。实施时要注意以下几点：

一是只谈想法感受。运用中庸"持中而立、不偏不倚"的观点，不打骂、不说教，不要过也不要不及，只谈自己的想法或感受，如"我感到很伤心""我感觉很不好""我很生气""我感到很无助"等。不要说孩子哪里做错或者说错了，也不要反问孩子，如"你说什么"，孩子几乎总是会回答："没说什么。"你会接着说："我听见你说……"孩子会再次否认自己说过什么。一场争论将持续下去，在此过程中，孩子会获得主导权。而应该实事求是地做出回应："你的那种说话方式（或行为）让我感到很伤心（或很厌烦，或由此产生的任何感受）。因此，我不会……"当明确指出了孩子的行为，指出了行为的影响，父母就会占据主导地位。

"那种语言在我们家是不能让人接受的。因而，我会……"是父母建立家里的沟通规范。"我不允许你用那种语气（比如嘲讽或抱怨）或那种表情（如翻白眼）对我说话。"是明确表达自己的立场。

二是后果只说一次。"我们的约定是没有做完不能看电视"，不要为后果找理由或作解释，孩子知道什么是符合逻辑的，什么是不符合逻辑的，尽管他们会试图说服你。

三是千万不要让步。当孩子恳求原谅时，不要向孩子让步。比如，"妈妈，求求你了，我只看几分钟！"赢得信任的唯一方法就是言出必行，这是作为父母职责的一部分。

在实施后果时，千万不能给孩子第二次机会。第一个原因是，立即采取行动可以使事情马上结束。第二个原因是，第二次机会（比如"如果你下次再这样的话，我就……"）往往会变成虚张声势的威胁，不但会怂恿孩子继续顶嘴，而且当孩子"再一次"顶嘴试探时，父母们通常没有去实施他们说过的话，而给孩子留下父母言而无信的不良印象。第三个原因是，第二次机会还可能会造成过度反应。当孩子再次顶嘴时，父母知道自己必须采取行动，他们的反应可能会过于愤怒，并且无法控制自己。第四个原因是，给孩子第二次机会就使他有了主导权。这使孩子可以决定是否再次顶嘴，而这就使他有了控制整个家庭情绪的权力，他只需要简单地故伎重演就可以制伏每个人。第五个原因是，给孩子第二次机会，就是在给他期待老师、朋友、老板、领导等人给予他第二次、第三次和第四次机会的可能，然而在生活当中，这是不被允许的。

第四步是选择脱身。这是非常关键的一步，必须让孩子看到，不管他们做什么，父亲或母亲已经结束了这件事，继续平静地生活。很快，孩子就会厌倦自己发脾气的行为。关键在于，不要与孩子争论或者讨论，不要试图阻止孩子的恳求或抗议。在实施了后果之后，要离开孩子，而且不要让自己的肢体语言或声音和面部表情对孩子做出任何反应，那么孩子很快就会放弃。因为他的行为无法得到他想要你做出的那些负面关注反应——伤心、愤怒、无助和烦躁，他们便无法获得那种错误的自我价值感。

总之，必须让孩子知道，每次顶嘴都得面临后果。孩子必须了解顶嘴对他人的影响，如果他从来都不知道他所说的话会让别人有怎样的感受，他就永远无法与他人共情。不会与他人共情的孩子，也不会尊重他人，因此也就永远不会形成有助于获得人生满足的积极的归属感。

三、修炼自己

这四个步骤听起来可能很容易实施，对于有些父母来说也确实如此。但是，对于过分骄纵孩子的父母来说，这是一种挑战，而且需要很大的决心、大量的练习和自我控制，以修炼自己来解决孩子的问题。

1. 营造良好氛围

父母必须相互尊重，给孩子树立一个好的榜样。怎样使家庭变成一个对家人更有益的环境呢？有很多种方法，但一个主要的方法是成年人要为设定家里的情绪基调负起责任，而且这种基调应该是正面的。如下面这些方法。

一是要尽量多和家人在一起。

二是要高兴地看着家人回来，给他们一个拥抱、一句问候和一个真心的微笑。

三是问问家人这一天过得怎么样以及他们所做事情的进展。要记住他们正在做的事情，以便问他们的情况。

四是记住每个人的生日和其他重要的日子，并且用特殊晚餐或小纪念品来庆祝一下。

五是要将晚餐当作一件大事。让每个家人都参与晚餐的准备。

六是要让每个人都为家庭的日常事务做些贡献。每个人都应做一件家里需要并对别人有帮助的事情。

七是要改变家庭中让人不快乐的任何行为，以及自身能够改变的行为。

八是要认识到家庭对我们有多么重要。想想每个家人给我们带来的快乐。

2. 记录顶嘴行为

如何记录：

（1）"发生了什么"，简要描述顶嘴时发生了什么，你的感受，以及为什么会有这种感受。

（2）"后果"，列出自己当时对孩子的顶嘴所选择的后果，要包括你对顶嘴做出反应时的语调。

（3）"脱身"，描述你当时是怎样从孩子对后果的反应中脱身的。

（4）"脱身后发生了什么"，描述脱身后发生的事情，以及你是如何反应的。

（5）"评估"，评估整个过程，包括哪些地方可以采用不同的做法。

实践案例：

（1）发生了什么。当我去学校接儿子放学的时候，我问他今天过得怎么样。他嘲讽地回答："你总是问我这个，就没有其他的问题了吗？烦不烦呀！"我感到很伤心、很沮丧，因为我非常希望能同儿子愉快地交谈。

（2）后果。我告诉儿子，他的话让我很伤心、很累，因此我不会花费时间和精力送他去游泳馆训练了（他非常喜欢游泳，马上要参加市冠军赛了）。

（3）脱身。当孩子以难以置信的眼光看着我时，我打开了手机音乐，戴上了耳机，并且开始轻轻地跟着哼唱，没有理会他。

（4）脱身后发生了什么。孩子暴跳如雷，说不去训练的话，他的比赛将会受到影响，今晚无论如何也必须去训练。我说"你可以明天加点训练量"。

（5）评估。我没有理会孩子想让我改变主意的尝试。虽然他很生气。这种方法管用了！我没有为我的决定进行辩护或者反驳。我做对了！

对待孩子顶嘴，父母应该学会一种回应方式，使孩子的行为马上得到处理。但处理时也要符合中庸的观点"不偏不倚、过犹不及"，不争辩、不打骂，让孩子的行为自然产生逻辑后果，父母们只需坚持这种逻辑后果，孩子就会知道父母说话是算数的，并且会按照父母的话去做。

共创美好未来

好的评价是"生态的"，应观照到"人"。学校应营造自然、和谐、共生的生态场，设计不一样的上课方式，选择不一样的教学方法，采取不一样的评价体系，让每一个人每一次的努力都被看见，被发现，被记录，被认可，激发内生动力。并为每一个人精准画像，赋能个体成长。

"新课标"呼唤"新评价"

> 好的评价是"生态的",应观照到"人",敬畏人的成长规律,关注评价的过程性和整体性,以评价促进孩子自我反思、自我教育。

2022年教育部颁布的《义务教育课程方案和课程标准》再一次吹响了教育领域综合改革的号角,全体教育人正以战斗者的姿态奔赴这场轰轰烈烈的革命。评价是教育改革的"牛鼻子",是改革的深水区,是牵一发而动全身的工程,应是改革之要,更应放在首位。

教育以育人为本,评价应观照到"人"。好的教育,酷似森林,孩子顺性而长;好的评价也必定是"生态的",不是控制,更不是约束,而是孩子自我成长的"发动机"。评价具有诊断、鉴定、改进之用,也有激励、导向之功,"新课标"倡导素养立意,评价的关键指向也在于孩子核心素养的发展。因此我们应构建基于课程标准的核心素养测评体系,真正实现评价导向素养生长。

当下的教育评价,还是传统的"以考代评",以学科为中心,纸笔测评居多,以教师的权威评价为主,考查识记理解等做题能力,且考题还"一视同仁",把"评分"等同于"评价",进而等同于"育人"。这种对学习结果进行甄别性的评价,是"单向度的""只见分数不见人",存在评价手段单一、无法发展个性,评价主体单一、学生参与不够,评价内容窄化、忽视多元智能培养等问题,导致高分低能、有分无德、唯分是图等病症频现。

"新课标"带来"新评价",一切评价都应激发孩子的内在价值感和内驱力,从"对学习的评价"转向为"对为了学习的评价"。倡导"评价即学习"的理念,敬畏人的成长规律,关注评价的过程性和整体性,以评价促进孩子自我反思、自我教育，让孩子从"被迫做"转向"想去做"，从"会做题"转向"会做事"，从"能够做"到"能做好"。

发展自我评价

促进孩子自发自主地成长，是教育追求的价值。引导孩子自知，诚实地进行自我的评估、评价和调整，让其设定未来目标、明确未解问题、探究未知方向，追寻终身学习，是教育应尽的责任。教师或家长需要为孩子营造安全的心理环境，创建非竞争性的评价文化，力避孩子为"讨喜欢""获赞许"带来的评价偏差。增强孩子元认知的能力，如结课前进行 1 分钟的写作，总结自己 2～3 个需要解决的问题等。引导学生反思自身表现与评价标准之间的差距及其原因，如每次测试后让学生"估分"，然后再根据评分标准"核分"，探索改进策略。也可以在某一阶段，让其进行反思性总结，用蓝笔标记已经掌握的，红笔标注没有掌握的，明确改进方向，实现针对性学习。

改革纸笔评价

以纸笔为主的考试，仍然是教育评价的主要方式。时下的命题往往侧重于学科表层知识的复现，或是单项技能的运用，没有关注孩子的思维、审美以及价值。"新课标"理念下，应重构试题属性，"情境、知识、解决问题"这三要素一个也不能少。编制评价内容时也应由表及里、由浅入深，把问题融入真实情境，经抽象概括形成所要解决的问题，再把解题后的答案运用到生活情境中去解决自己面临的问题。同时应严格控制试题难度，让学优生有危机、中等生有信心、学困生有希望。

注重表现评价

表现评价，可以是构答反应，如流程图、概念图等；也可以是作品，如研究论文、艺术展览等；还可以是行为表现，如朗诵辩论、小组讨论等。以接近孩子生活和认知的真实性或仿真性任务为指引，注重培养孩子操作性、表现性技能，培养真实问题实践解决能力。这需要基于课标设计一些能够引发核心素养表现的大问题大任务，建立大概念大单元，构建测评量规（以核心素养进阶发展为依据，以相关实证研究为基础），开发核心素养测评手册，建立共同的质量观，注重任务完成的过程及质量，激发学生积极地参与，提高评价的效果及素养水平。

探索增值评价

增值评价展现动态图而非静态点，关注增长值而非绝对值，参照自己而非他人，注重纵向追踪而非横向比较，运用动态的眼光看待学生的变化，真正实现评价促学。在信息技术时代，让这种评价成为可能。可以运用5G、云储存、AI等技术，注重对学习过程的观察、记录与分析，捕捉学生有价值的表现，获取学生学习的证据，然后通过海量数据的汇总，为学生描绘精准的"画像"，为每个学生建立一个数据库，实现评价的可视化，帮助孩子反思，从而制定个性化的解决方案。

健全综合评价

综合评价的关键，一在评价主体的多元化，寻求更多更有力的评价证据；二在评价内容的全面性，"五育"一育不少，观照学生综合素质整体的发展；三在评价内容的差异性，既要有所有学生同质化的评价，也要满足学生的个性化需求。融合形成性和总结性评价，形成性评价时，及时且具有针对性，能有效反馈全景信息，引导学生据此努力；总结性评价中，避免冷冰冰的数字或等级，多用描述性、解释性等建设性评语，引导孩子客观认识自己，发展成长型思维，促进孩子健康全面地成长。

学生评价的症结在哪里？

当下的学生评价陷入了"以结果性评价为主而非增值""以单育评价为主而非全息""以传统式评价为主而非智能"的困境，导致教学活动发生异化，也异化了孩子成长的过程。

学生评价作为教育评价的基础环节，事关我国教育事业高质量且可持续的发展。2020 年 10 月，中共中央、国务院印发的《深化新时代教育评价改革总体方案》明确提出"坚持科学有效，改进结果评价，强化过程评价，探索增值评价，健全综合评价，充分利用信息技术，提高教育评价的科学性、专业性、客观性"的教育评价改革主要原则，并积极推进促进学生德智体美劳全面发展的学生评价改革工作，以期引领我国学生评价改革取得实质性突破。如今，数智化时代将学生评价改革推向了新的发展阶段。基于此，如何紧握时代新优势，紧跟改革大方向，以全息思维、互联网思维、增值思维为突破口构建新时代学生评价新范式已成为当前学生评价转型与发展的重要命题，关乎我国人才的培养导向以及教育的发展方向。

评价目的上，以"结果性评价"为主而非"增值"

传统"一考定终身"的人才培养选拔与评价模式关注最终目标的结果性评价，极易忽视孩子学习活动中的过程性进步与阶段性发展，导致传统式学生评价的甄别功能大于促进孩子发展的功能。在此情境下，教师教育教学活动的出发点与落脚点也会发生严重的错位现象，即教师会把精力更多地放在实现教学目标上而不是促进孩子发展上，从而弱化了孩子在教育教学活动中的主体地位，逐渐偏离"立德树人"的教育目标。因此，学生评价中结果性评价的"强势"会蒙蔽教育教学的真谛，干扰教育的正确发展方向，从而助长教育功利化、短视化的倾向，最终出现"育分高于育人"的教育现象。在教育功利化影响下，教师极易陷入"追求分数赋值而非学生增值"的认知误区，具体表现为教师强调关注教育教学的"直接价值"对于提升孩子学业成绩的作用，而忽视了教育教学的"间接价值"对于促进孩子全面发展的深远影响。因此，教师在追求以高分数为标准的结果性评价时，孩子人格与心理的完善、精神与创造力的发展等都将为之让路。

评价标准上，以"单育评价"为主而非"全息"

我国历来重视考试的文化传统以及"万般皆下品，唯有读书高"的传统文化观念成为当代应试教育的催化剂。当教育只为应付升学考试、片面追求升学率时，教学活动与学生评价也会随之发生异化。一方面，教学活动囿于升学考试科目中既定的考试内容而失去了张力；另一方面，学生评价也受应试教育影响而留有"唯知识""重学业"的诟病。显然，这种以学业分数为标准的人才选拔与评价模式严重异化了孩子的成长过程，曲解了学生评价的实质内涵，认为教育教学只发生在学校，学校的主要任务就是服务于应试教育，以此窄化了我国的人才培养路径，严重束缚了每位孩子全面且自由的发展，并且，这种学生评价会严重误导教师的教育认知和教学实践。其中，学生评价标准的单一化以及评价视域的局限化会加重教师教学的"单育性"和"单域性"倾向，导致孩子在有限的学校环境中接受着单方面的培育发展。总之，在真实的学校场景中，教育工作者采用以智育为主的评价标准对孩子进行评价的行为严重背离了新时代促进学生德智体美劳全面发展的学生评价取向，也漠视了"生活处处皆教育"的教育真谛。

评价技术上，以"传统式评价"为主而非"智能"

传统式学生评价是教师与学生二元对立的评价模式，即教师作为评价主体通常采用考试的方法对孩子进行评价，而孩子作为被评价的对象则被动地接受教育教学评价。并且，在传统学生评价中，教师以单元、期中、期末考试的方式向孩子发放纸质试卷，要求学生在规定的时间内完成试卷，随后教师再亲手评阅一份份试卷，将孩子的成绩进行求和，最终完成学生评价。

由此可见，传统式学生评价在评价技术上存在诸多局限性。第一，传统式的学生评价大多为终结性评价，而教师在评价过程中难免会受到主观因素的干扰从而影响孩子的最终评价结果。并且，教师往往在学习的尾声才对孩子进行测评，未能及时发挥学生评价的导向作用，给予孩子所需的教学指导与帮助。第二，传统式的学生评价通常需要教师耗费大量的时间参与手工阅卷，会额外加重教师的教学负担，影响教师的教学效能。第三，传统式学生评价结果通常是以分数的形式呈现，这种静止孤立的评价结果会影响教师对于孩子表现的解读，会误导教师认为终结性的评价结果与孩子过程性的综合表现存在简单的对应关系。总之，传统式的学生评价主要发生在教师与学生之间，并且人为因素、主观因素等都会影响学生评价的可信度和有效性。

载于《教育观察》（2023 年 9 月），有改动

好的评价能激励与唤醒孩子

> 把学生当作有血有肉的独立的人，善于抓取每个孩子精彩的瞬间，边发现边肯定，边肯定边激励，边激励边唤醒，让孩子充满自信，让每个孩子能抬起头来走路。

在生活中，我们经常看到这样的场景：当孩子一次考试成绩很好时，他们会把试卷拿在手上，得意扬扬地跑回家，用脚使劲地踢门，生怕家长不知道他回来了；相反，当成绩不理想时，他们则把试卷揣在书包里，生怕家长知道他们考试成绩出来了。

正如威廉·詹姆士所说："人类本质中最殷切的需求是渴望被肯定。"《人性的弱点》一书中也写道："没有一个人能在充满批判声的环境中成长和进步。""冷眼、讥笑"无法满足孩子的需求，反而会阻碍孩子的健康成长。

反观我们当下的教育，无论家庭、学校，还是社会，擅长打压式、比较式、限制式教育的人居多，鼓励式、尊重式、引导式教育者偏少。一个人从小接受的教育，直接决定着孩子的价值观和成长方式，影响着他未来的发展。真正的教育，是把学生当作有血有肉的独立的人，善于抓取每个孩子精彩的瞬间，边发现边肯定，边肯定边激励，边激励边唤醒，让孩子充满自信，让每个孩子能抬起头来走路。

激励，虽是外在的，但威力十足。人总在发展中变化，不管是优等生，还是学困生，他们每天都在进步，只是成长的程度各有差别而已。有时大人们的一个浅浅的微笑、一个鼓励的眼神、一个竖起大拇指的赞许，抑或拍拍肩、摸摸头、握握手，这些小小的激励，无须量表测量，也无须记入档案，但简便、直接、真实、有效，会让他们由小进变成大进、由微动变成速动，对孩子的成长起重要作用，从而达到质与量的飞跃。课堂上，孩子更需激励。对于那些大胆的孩子，老师多倾听，让孩子多说；对于那些胆小的孩子，应面带微笑，耐心引导，鼓励开口。

教育的目的不仅仅是教授知识、传授本领，更重要的是挖掘孩子内在潜能、唤醒内心，激发他们自我教育的潜能，让他们自己去认知世界。每个孩子都是一颗种子，都有属于自己的内部构造。我们不要拿着别人的成长规律来寻找自己的成长周期。每颗种子都会发芽，只是时间不同，不必艳羡他人。好孩子是已经唤醒的种子，浑浑噩噩的"坏"孩子只是还没有醒来，我们只能面对，不可责骂，唯有带着智慧的光芒和发自内心的关爱，用正面评价去激励孩子，与其产生内心的共鸣，唤起其成长的动力。

即使是批评，也要激励，而不要打击；要唤醒，而不要压抑；让孩子"抬头"，而不是"低头"。纠正错误时，可以用沟通的方式，先倾听事情经过，再问孩子的看法，最后与孩子一道分析原因，并制定解决方案。最忌"发泄情绪"式地批评，是把批评包装成"为你好"，实质上是"加害"孩子，这往往是悲剧的导火索。好的批评，不是让孩子认错，而是让其学会思考；不是让孩子认输，而是让其学会尊重。好的批评，尽量使用描述性语言，就事论事，对事不对人，保持中立，不谴责，不侮辱。好的批评，双方都是赢家，而不是一方得意扬扬，另一方垂头丧气。

评价之要，在于激励，在于唤醒，它是阳光雨露，沐浴着孩子健康成长；更能激发孩子的梦想，让其看到自己的山，并激励他去登上顶峰。

评价的功效在于孩子内生动力

事物是发展的，内因起关键作用。能触动孩子的真正需求，激发孩子的内生动力，才是评价之关键。

帕尔默在《教学勇气：漫步教师心灵》一书中写道："以真实世界的原则为依据，我们能发明一些评价方法，这些方法强化学习而不是审判，强调合作而不是竞争的方法，从而提升成绩在共同体中所做的贡献。"这段话道出了评价的目的。

评价不是为了证明，而是为了改进；不仅是甄别和选拔，还是教育与提高。我们都知道，事物是发展的，内因才起关键作用，外因只是辅助。评价亦然，能触动孩子的真正需求，激发其内生动力，才是评价之关键。新课程方案指出"学生评价的目的就是促进德智体美劳全面发展"，这是对教师说的。对学生个体而言，最重要的在于激发孩子的兴趣，增强自信，调动内驱力，推动潜能开发。

当下的评价，大多数是外在多于内在，孩子们在社会的需求、老师的教导、家长的鼓励下为了分数拼命盲目地学习，甚至有些孩子认为学习是"给父母学的""为考分学的"，就是不认为是给自己学的，误解了学习的目的。这种评价，是一种"秋后算账"式的结果评价，在意分数的一时之得，只关注了孩子外在表面的所谓的成功，异化、扭曲了孩子的心灵，扼杀、泯灭了孩子的个性，导致教育功利化、表里不一，是惰性、静态的评价。

"双减""双新"背景下，应坚持以人为中心，坚持内驱动力论，积极建构促进孩子全面发展的科学的评价机制。将短程发展与长期成长相结合，既有量化评价又有质性评价，注重评价内容的多元化、评价过程的动态化、评价主体的互动化，以发展的眼光看待成长，在为人、为事、为学上培育孩子的成长型思维。

通过"点、线、面、体"的评价把学生引向自我完善、自我教育和自我发展的路途，构建一个立体、系统、绿色、动态的评价体系，涵养学生后发力，形成综合育人的儿童立场。

"点"——每日小结。为孩子构建一棵形象而具体的"蟠桃树"评价模型，把孩子学习生活中的点滴化为"分值营养液"，正向则生长，负向则枯萎，功劳大则生长快，功劳小则生长慢；负向反之。每天引导孩子自我评价，正确对待自己成长中的点点滴滴，看清自己成长的情况，营造一种积极向上的成长型文化。

"线"——每周复盘。孩子们根据每周"蟠桃树"长势的诊断报告，反观自己在本周中的表现和状态，并与自我价值目标加以对照，在老师、家长、学伴的帮助下总结本周的得与失，找到盲区，寻找下一周的努力点和生长点，生发行动策略，弥补过失，修正行为，自我改进，内生动力。

"面"——每月秀场。孩子是一个复杂的生命体，每一个孩子都有自己的爱好与特长。每月结束，引导孩子把自己本月的荣誉、成绩等阶段性学习成果进行梳理，仍然将其化为"营养液"注入"蟠桃树"。还可建立个人成长档案，把具有代表性的照片、各科作业装入其中，既让成长有迹可循，又激发潜能。

"体"——每期画像。每学期期末，把孩子的评价从自评延伸至他评，把同伴、老师、家长的评价纳入其中，助力"蟠桃树"生长。他评可以采用问卷调查的方式，也可以用日记把孩子成长中的关键事件和转折瞬间记下来，最终形成雷达成像，数据驱动成长，唤醒孩子生命自觉，让孩子自我觉醒、自我丰盈。

让孩子成长的每一步都被看见

　　设计不一样的上课方式，选择不一样的教学方法，采取不一样的评价体系，牵动孩子生活成长的每一个场域，让孩子的每一次努力都被看见，被发现，被记录，被认可，让每个生命都熠熠发光。

　　孩子是活生生的人，不是父母的傀儡，也不是老师的提线木偶，我们应该把选择人生的权利还给孩子。我们的教育，不是造就学习机器，而是让孩子成为最好的自己。面向未来的教育，必然应个性化、特色化，教师应设计不一样的上课方式，选择不一样的教学方法，采取不一样的评价体系，这样才能培养具有创意思考、创新思维、创造思想的新时代的中国好少年。

　　评价是一项牵一发而动全身的系统工程，涉及多重因素、不同主体，被誉为"世界性难题"，也是教育综合改革中"最硬的一仗"。作为对学生产生直接影响的学校、家庭和社会，怎样把立德树人成效作为根本标准，克服重智轻德、重分轻能的片面行为，以评价的指挥棒撬动学生全面发展，是当前乃至今后一个时期需研究突破的重点课题。

　　育人工作具有整体性、发展性，评价体系的设计应体现全员育人、全过程育人、全方位育人的理念，以学校的文化去引领全维度育人，建构起具有校本特色的价值观念、评价策略和行动路径。应根据学生的成长规律，针对教育质量综合评价 20 项关键指标，构架以素养为核心的集优积分评价体系，牵动孩子生活成长的每一个场域，让孩子的每一次努力都被看见，被发现，被记录，被认可，集点滴亮点走向未来，让每个生命熠熠发光，形成一个积极互动的能量场。

信息化时代，我们已经从单一的、闭塞的物理空间走向了更加多元开放、虚实结合的智能空间。为促进"三全育人"，我们应树立"全连接"理念，依托"云＋端"的优势，去构建一个互动的、无边界的、可视化的、个性化的综合评价平台，引导不同的评价主体在各自的场域中发挥不同的作用，将各类教育空间、教育主体和教育要素连接起来，全员参与，全过程渗透，全方位评价，实现学校、家庭、社会评价的互联互通。

在教育向数字化转型的今天，"集优积分评价""因材赋分评价""随时记录评价"已经成为可能。孩子在不同的场域中生活学习，在每一个场景中都有好的想法、好的行为，我们应用积极的视角关注每一个孩子，善于发现每个孩子瞬间的"各种好"，捕捉这些亮点并采集起来，分析生成结构化数据，并探索数字背后的规律，然后肯定他、激励他、唤醒他，把好的想法变成行动，把好的行动固化成习惯，助力孩子每一步的成长。

课堂评价亦然。可以深度融合音视频互动教学、纸笔互动课堂、电子白板互动等应用，通过"预习诊断"把握"讲什么"、"课堂攻坚"知道"怎么讲"、"随堂检测"了解"讲得怎样"，通过大数据平台生成课堂分析报告，清楚每位学生的课堂活跃度、完成作业速度、知识掌握度，形成"课后画像"，进而由数据驱动，把握需求，重塑流程，精准改造，减小教师主观评价的误差，实现孩子成长轨迹"一生一档"，教师指导"一生一策"，实现分层教学、因材施教。

评价应走向数字化

把机器的速度、精度、量化能力同人类的情感、抽象、领导能力相结合，实现人机实体交互，以数据思维、数字文明重新建构教育生态，让数字技术成为评价方式变革的新杠杆。

罗素曾说："教育的目的是培养有活力、勇气、敏感和智慧等特性的人。"可见"提高人的智慧程度"是教育的目的之一。然而，人机协同能把机器的速度、精度、量化能力同人类的情感、抽象、领导能力相结合，能大大超越自然人的智慧度。要想实现人机实体交互，为人类增值赋能，需重构教育范式，再造教育流程，革新教育文化。教育数字化转型则是其中的应有之举、应有之义。

教育数字化转型作为"数字中国"的一部分，不仅仅是技术加持，更是以数据思维、数字文明重新构建教育生态，促进教育场域的全要素、全业务和全流程的重构与再造，促使教育面向现代化、面向未来，引领社会转型发展。评价是教育的指挥棒，数字技术的融入将成为评价手段变革的新杠杆，引导变革走向持续、综合、多元，生发出新的评价工具、评价方式以及评价理念。

赋能——数字技术赋能教育评价

传统的纸笔评价，过重关注知识的获取，无法关注学习者的品质，学生的创造力、批判性思维、团队合作、复杂问题解决能力等很少被测评测查的因素，导致教育评价唯分数，功利化现象严重。数字技术介入教育评价后，可以有效解决学生评价中的真问题——"评得准不准""评得全不全""结果用得好

"不好"，实现人才培养模式的转型与升级。

解决"评得准不准"的问题，需要利用数字技术创新评价工具和手段，广泛利用计算机自适应测验、虚拟任务场景、协作学习环境等新型评价技术；解决"评得全不全"的问题，需要利用数字技术开拓评价多样性信息来源，全面评价学生的德智体美劳各方面的情况；解决"结果用得好不好"的问题，需要利用数字技术调动多元主体参与，搭建即时反馈平台。通过伴随式、追踪式，自动化采集、生成、计算学生的一切行为数据，从而形成全面而精准的学生个人"画像"。

循证——经验说话转向数据说话

当下评价学生的学习成效，多靠每学期期末的综合素质评价，一本"素质报告书"，班主任的"一支笔"，便可了结。评价的等级，多数是靠班主任的经验，语数外等学科也仅局限于对课程成绩的终结性评价，因为过程性数字、增值性数据散落在各个教师的手里，无法整合到一起，导致评价单一、无理据。

新方案、新课标背景下，遵循儿童立场，坚持以学生为本的评价理念，借助数字化技术构建集过程性、增值性、终结性评价于一体的立体式评价体系，建立基于多模态数据的测量模型与数据科学深度融合的计算心理计量模型，开发可全面观察分析的评价系统，通过行为观察、增值测量、探讨互动、总结反思等方式，对学生的知识与能力、情感态度等，开展精细化、动态化评价，既可全面刻画每一位学生，看到一个个完整的、鲜活的生命，又可为教师提供备课、教学的依据。

差异——统一教学转向个性学习

过去的教学是1.0版本，主要体现在每节课的讲授上，备课组统一目标，统一进度，统一作业。这种大一统的教学，只能把中等生作为教学的对象，根本无法顾及处于两端的学生，很难关注到每一位学生的学习情况。

依托数字化环境，我们可以实现课前分析，准确分析学生已知什么、未知什么、所教内容知道多少，为教师备课提供了数据依据。课堂教学时，对学生提问和应答行为进行数据分析，并通过任务提交等方式及时、精确地反馈学生的学习情况，有利于培养学生高阶思维，有利于教师掌握真实的学情，随时调整教学方法和节奏，实施差异化、个性化的教学布置，充分满足不同学生的学习需求。课后，教师可立即组织在线后测，布置差异化的习题，通过后台进行错题的知识点和盲点解析，形成个性化的错题本或者推送个性化的错题本，实现分层作业布置和大规模的因材施教。评价数据形成雷达图，以便教师调整教学策略，更有利于学生学习有的放矢。

面向数智化时代的学生全息智能增值评价

学生全息智能增值评价，以人的全面发展为导向，运用云计算、AI等智能化手段对学生进行"全员性"的主体观照、"全面性"的质量监测、"全方位性"的数据搜集以及"全域性"的督导跟踪，有利于维护学生在评价中"人格的完整性、表现的日常性、成长的动态性以及发展的差异性"。

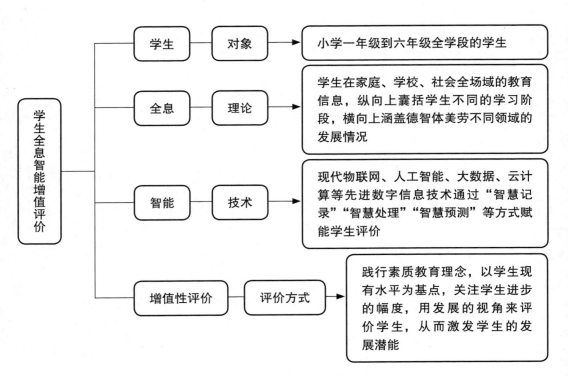

学生全息智能增值评价图

从世界范围来看，从宏观评价转为微观评价、从人工评价转为智能评价、从升学就业评价转为发展评价已成为新时代学生评价改革发展的必然趋势。在此背景下，"学生全息智能增值评价"立足于时代之需，创造性地将全息思维、互联网思维、增值思维与学生评价进行深度融合，真正实现了以人的全面发展为导向，运用云计算、AI 等智能化手段对学生进行"全员性"的主体观照、"全面性"的质量监测、"全方位性"的数据搜集以及"全域性"的督导跟踪。由此可见，学生全息智能增值评价作为新时代学生评价的新范式将有利于维护学生在评价中建立"人格的完整性、表现的日常性、成长的动态性以及发展的差异性"，充分发挥学生评价的激励、导向作用，促进学生更好地成长。

目标向度：基于发展视角促进学生"五育"增值

学生全息智能增值评价作为一种符合学生成长规律的学生评价体系，积极践行素质教育理念。它不以学生的考试成绩作为评判学生发展的唯一标准，而是以"五育"的进步幅度来提高学生自我发展的觉悟与意识，引导学生利用更科学的视角和更长远的眼光来积极看待自我的发展。其中，学生全息智能增值评价通过关注"具体的人"来促进本我的多元智能发展，即该增值评价内容涉及学生发展的方方面面，强调学生德智体美劳等各方面的和谐发展。此外，学生全息智能增值评价通过关注"每一个现实的人"来传递教育的公平与正义，即教会学生以可持续发展的视角来反思自己通过学习而产生的增值，并引导学生总结出有利于自我全面发展的增值原因、增值方法以及增值策略。

由此可见，学生全息智能增值评价积极服务于每一位学生的发展，使位于不同发展水平的学生都能基于自身的实际情况去调整努力和前进的方向，让每位学生都能有所突破，有所进步。因此，学生全息智能增值评价以科学的育人观念完善了学生评价的方式与方法，通过引导学生关注自我学习经历的动态生成去正视自我的发展。总之，"学生全息智能增值评价"秉持"评价促发展"的教育理念，让每位学生都能在更宽广的人生舞台上尽情地绽放自我，以最自然饱满的姿态实现恣意生长。

时空向度：基于全息理念开创"全景式"测评

现代全息观念源自 20 世纪 40 年代嘎博（D.Gabor）发明的全息照相术，随后便发展成为影响广泛的全息理论。该理论揭示出一种宇宙中普遍存在的现象，即"事物的部分与部分、部分与整体之间具有相同的信息或信息相似程度较大"。基于此，全息理论中"部分包含整体信息"的思想为我国学生评价的改革与发展提供了新的逻辑思路与实践路径，而学生全息智能增值评价作为全息理论下学生评价的新范式对于学生的全域发展以及"五育"成长都具有重要的意义。

首先，数智化时代的信息技术赋予教育"全息式时空交融"的特征，即"教育不仅限于学校，而是存在于社会的各个方面"。简言之，新时代的教育不能脱离全社会的教育场域而单一、孤立存在。这种全息的大教育观将进一步拓宽学生评价的领域和范围，将学生的成长环境、校内发展和校外拓展都作为学生评价的参考依据，以此体现学生评价的"时空开放性"，从而提高学生评价的全面性与科学性。其次，学校里各种各样的教育活动都蕴含着"五育"的元素和信息，具备"全息式五育融合"的育人特征。因此，学校应该是所有学生成长的地方，学生应尽情地参与学校的各项活动来促进自我的全面发展。

监测向度：基于信息技术开展学生学习过程的动态监测

学生全息智能增值评价既可以在纵向上对学生的学习进展进行动态追踪，也可以在横向上对学生的发展情况进行过程监控。也就是说，学生全息智能增值评价贯穿于学生学习生涯的方方面面以及时时刻刻，是一种以学生全息学习数据为基础的智慧评价。而学生全息智能增值评价作为数智化时代的一种立体式、智慧化的学生评价模式，必须依托信息技术来全息采集学生的学习数据，以此实现学生学习过程的动态监测。

首先，"智慧记录"学生的全息学习数据，并确保所采集的学生学习数据具备"日常性""关键性""有效性"等特征。其次，"智慧处理"学生的全息学习数据，可基于大数据技术等方式对学生的全息学习数据进行"编码归档、深度挖掘、精准计量、深度分析，及时反馈"；还可以通过智能分析技术来提取和分析学生全息学习数据中的有用信息，以可视化的方式来直观展现学生的学习过程与学习结果，为学生的深度学习以及可持续发展提供全域的督导跟踪和全面的指导建议。最后，"智慧预测"学生在之后的学习过程中可能出现的学习样态，即教师可以参考学生在特定时间段的学习起点、学习终点以及学习增值来解读学生的成长变化，还可以基于历史数据对学生的增值变化趋势进行合理的预测，使学生评价更具前瞻性和育人的导向性。

结果向度：基于"五育"融合构建个性化立体式的学生数字画像

数智化时代，信息技术可以对学生的各项学习数据进行全息采集，而后以信息化方式来处理分析数据，以此提炼出符合学生本人真实特征及行为表现的标签集，最终顺利构建起学生在具体教育情境中的数字画像。学生全息智能增值评价立足"全息式时空交融"和"全息式五育融合"的属性特征，围绕德智体美劳"五育"标准来构建数据标签体系，最终动态生成学生专属的数字画像。基于此，教师可以通过参照对比学生数字画像中数据标签的变化来快速了解学生的发展情况，灵活转变教学策略与方法，从而进一步落实立德树人的教育目标。

此外，基于大数据驱动的学生数字画像可按照不同的呈现方式分为学生个体数字画像和群体数字画像。其中，学生个体数字画像有利于提升学生的自我认知，支持教师个性化教学，帮助家长改进家庭教育；而群体数字画像则通常用来服务于学校和政府的教育治理。在教育领域，学生数字画像将分析结果通过数据可视化的方式服务不同的利益相关者，以便于教师、家长、学校、政府能清楚地了解教育的发展动态以及学生的学习历程，积极优化不同主体的教育参与感，从而更好地服务于学生的终身学习和持续发展。

载于《教育观察》（2023 年 9 月），有改动

以"全息智能增值评价"探寻学生评价改革新路向

立足科学育人观，将全息思维、互联网思维、增值思维与学生评价进行深度融合，全息智能增值评价为探寻学生评价改革指明新路向，推动新时代学生评价改革内涵式发展。

新时代，教育高质量发展对培养能够担当民族复兴大任的时代新人寄予了殷切期望，进而也对学生评价的改革与发展提出了更高要求。其中，学生全息智能增值评价立足科学育人观，将全息思维、互联网思维、增值思维与学生评价深度融合，不断推动新时代学生评价改革实现内涵式发展。

从"线性思维"到"非线性思维"，树立科学合理的学生评价观

线性思维作为一种机械单向的直线式思维容易僵化学生评价的用途，使学生评价走向形式化、畸形化的发展误区。其中，传统式学生评价在线性思维的导向下着重关注的是学生可预测的一面，更多的是强调确定性的因果关系。所以，线性思维下的学生评价存在一系列问题，如狭隘地理解教育目标，偏重智育发展并过于重视知识性目的的达成；机械理解学生的学习过程，过于关注影响学生学习的主要因素而忽略次要因素。在此背景下，学生全息智能增值评价通过内在思维的跨越式发展为我国学生评价改革开辟出一条新道路，即带领学生评价从线性思维转向非线性思维。在非线性思维的导向下，学生评价以更加开放灵活的方式完成了对学生的整体考察和全面分析。因此，学生全息智能增值评价立足全息，实现了对学生的全景式测评，以过程性评价的方式来促使学生实现"五育"的进步，有利于其情感、态度、价值观等的进一步提升。

可见，以"学生全息智能增值评价"为代表的学生评价模式受非线性思维的影响更加关注评价内容的多元性、评价方法的多样性、评价过程的动态性以及评价结果的发展性，完美契合了新时代学生评价的开放性、灵活性、育人性等特征，符合当前我国学生评价改革内在的价值追求。

从"制度悬浮"到"制度嵌入"，完善落实学生评价的制度供给

学生评价改革，本质上就是将预设中的理念转化为制度，将制度转变为实践的过程。这种自上而下的改革形式在实践运行中容易出现"制度悬浮"现象，导致改革面临"轰轰烈烈在上层，犹犹豫豫在中层，冷冷清清在基层"的尴尬局面，使学生评价改革偏离理想预期，不能达到预设的改革效能。其中，学生评价改革中的"制度悬浮"是由于"有关的制度设置、制度运行和制度场域之间存在结构性脱嵌，使得制度悬浮于基层治理场域并进一步造成制度文本与治理实践的差距"。因此，未来学生评价改革要想攻破"制度悬浮"难题，就必须夯实其制度建设工作，即通过保障制度建设的效能来切实提升实践的效能。

基于此，数智化时代的学生全息智能增值评价体系应当深化制度的有效性与协调性，以此构建起有机协调的制度体系。第一，完善学生全息智能增值评价的制度供给设计，实现"自上而下"与"自下而上"改革的良性互动，充分调动各层级部门与机构的参与积极性。第二，落实学生全息智能增值评价多元主体的权责规范制度，既要通过制度规范来厘清多元主体的权责边界，又要为不同主体的合作共治提供灵活的制度环境。第三，立法保障数据安全与学生个人隐私，加快制定有关的法律条例和制度细则来保障学生评价数据在获取、保存、应用等环节的安全，以切实保护学生的个人隐私。

从"工具主义"到"价值主义"，革新"校家社"协同育人新模式

传统式的学生评价习惯于将评价者置于评价对象之上，认为评价的目的高于评价的价值与意义。因此，传统式的学生评价逐渐呈现出朝工具主义发展的倾向，具体表现为"不管是抽象层面有关学生评价的理论、标准等内容，还是具体到学生评价活动中的人，都是评价者为了达到某种评价目的而设计的工具"。可见，这种思想弱化了教育主体的作用与价值，通过同质化看待"教师的教"和无差别对待"学生的学"来消解教育主体在教育活动中的个性化存在，无视掉人与教育交互过程中所产生的价值与意义。

基于此，新时代的教育要拥有更高的立意与站位，学生评价也亟须从"为

评价而评价"转向为"为发展而评价",即注重发挥学生评价对于各方教育相关者的增值与促进作用,以此增强学生、教师、家长等教育相关者与教育活动的交互作用,最终构筑起"校家社"协同育人的教育新格局。因此,学生全息智能增值评价以人的全面发展为价值导向,通过集合学生、教师、学校、家长和社会的多维海量评价数据来构建面向每一位学生的全息智能增值评价体系,以此服务于学生成长、教学改革和社会治理。简言之,学生全息智能增值评价深化了学生评价的育人价值与内在含义,是新时代营造良好教育生态的催化剂。

载于《教育观察》(2023 年 9 月),有改动

评价即学习：学业质量绿色评价

站在儿童立场，以学业质量绿色评价为着力点，鲜活、灵动地将评价融入每一个教育现场，为每一位孩子精准画像，激发孩子的内生动力。

谈到学习，就不能回避一个话题，那就是考试与评价。传统的学业评价，通常以期末成绩来给学生定等次，少数教师会赋予平时作业一定的权重，仍然是以纸笔分数来衡量，这有悖于"双新""双减"要求，亟须改革。

评价是指挥棒、是总牵引，我们应看见教育现场的真问题，以素养为导向，站在儿童的立场，以学业质量绿色评价为着力点，构建系统的、整体的、协同的、科学的评价体系，积极推行评价方式、方法的改革，开展全学科渗透式评价，充分发挥学业质量评价诊断改进、目标导向和激励发展的功能，撬动学校教育生态的整体变革。

淡化结果，注重过程

结果性评价，聚焦学业成就的达成度；过程性评价，则注重对学习过程的观察、记录与分析，基于学习行为做出客观的评价。相比较而言，结果性评价更侧重于结论，而过程性评价则更重于导向、诊断、促进。

课堂上，应实现学生的知识能力掌握情况与学习习惯、表现、创新精神、综合素质并重，及时捕捉他们的亮点、闪光点，恰当地给予其鼓励。重置评价标准，消除分数化评价，采用等级评价。避免因评价而产生焦虑和内卷，把竞争性评价转换为内驱型评价。我们应依据课标学业质量的要求，依据学生的自身情况，适切地制定学习目标，凡学生通过努力达成目标，一律当奖。强调学生自己与自己的竞争，而不是与同学的竞争，将评价从测量学生的标准转变为学生自己的学习指南。

减少总体，加大项目

总体评价，常以总分的形式出现，多被用于排名排序，凸显甄别功能。而项目式评价，是一种基于实践、研究和表现的综合评价方式，更强调学生在实际项目中运用知识的能力。

我们应打破传统的测评模式，积极开展学科技能专项评价、学习行为评价、作业作品评价等项目式评价，丰富评价内容。实施"个体＋团体"的评价，开展以完成任务单为目标的项目化测评，让评价从个体水平走向结伴水准，从对个体的学业水平检测变为对团队的学业水平检测。创造性地开发学生自研式项目奖励，学生结合自己的个性特长，自主申报单项奖，让他们充分享受选择的自由、达成自设目标的快乐，从而实现"关注每一个"的教育目标。

优化纸笔，强化表现

纸笔测试简便快捷易行，但难以测评学生的解决问题和实践创新能力，以及情感态度和价值观，会把老师、学生、家长引向"死记硬背、机械刷题"的怪圈。表现性评价，注重学科知识、技能、素养三位一体的关联，在真实的情境中，应考查学生听、说、读、讲、演、奏、实践操作水平等非纸笔行为，能有效弥补纸笔测试的不足，引导学生从试卷堆和题海中"突围"出来。

我们应优化试题结构，增强探究性、开放性、综合性，结合生活情境，解决生活中的实际问题。大幅度减少纸笔性评价，大力推广动手操作、作品展示、口头报告等表现性评价。一二年级以现场展示方式进行，三至六年级以书面专项＋现场展示方式进行，更加凸显对素养的评价。

此外，我们还要减少他评，加大协商式评价。因为他评总会流于形式，总是告知结论，不能促进学生的自我反思、自我促进。构建以老师为主导的协商式评价，采取对话交流的方式，指导学生作科学、精准的自我评价，引导学生合理运用结果改进学习。减少肤浅评价，加大增值评价。以往的评价，常常从教师的立场出发作整体的、粗略的判断，而学生的个体差异很大，我们需要精准把脉每个学生各个学科的薄弱点，以每个学生的个体立场进行个性化的诊断与指导，关注学生真实发生的进步，用增值评价去激励每一个学生进步。

"绿色指标"评价，淡化权威，淡化竞争，不是评比，更非选拔。结合真实学情，鲜活、灵动地将评价融入每一个教育现场，精准画像地见到每一个学生，将面对面的评价变成自主生长、肩并肩的评价，激励学生做自己学习的主人。

过程写实评价，激活学生"心"动力

过程写实评价，能把学校的培养目标落实到日常琐碎的点滴之中，构建起师生互动、生生能动的评价体系，激发学生内在潜能。

教育的指向是学生的"明天"，教育改革的目的是促进学生全面发展，引导学生做最好的自己。在教育中，评价牵一发而动全身，是最关键的一环，蕴含着巨大的能量。

如何把学校的培养目标落实到日常琐碎的点滴之中，这是学校管理者及老师们一直思考的问题，过程写实评价不愧为一个最值得的选择。

过程写实评价，既注重"过程"，又注重"写实"。"过程"即是学生成长的全过程、全周期；"写实"指的是对学生成长中的全要素如实记录、真实反馈。基于此，我们应以《校规》《校园公约》为蓝本，以"能量积分本"为评价手段，构建师生互动、生生能动的评价体系，以评价改革牵动学生德智体美劳全面发展，充分发挥评价导向、强化、诊断、反馈的功能，让评价真正发挥育人作用。

"能量积分本"不以鉴定、识别、选拔、表彰为评价目的，告别了学期末班主任"一支笔"片面、笼统地完成评价的历史。模仿银行"零存整取"的理念，及时记录学生的日常表现，并根据评价体系进行赋分，注重学生在评价过程中的积极体验，注重形成性评价，调动学生的积极性，激发学生向上的力量，引导学生学会自我评价、自我管理、自我教育。

评价中，坚持多元价值引领，以道德素养、学业水平、身心健康、审美素养、劳动创造为内容，设置"明德卡"，主要关注学生的具体行为，落实学校常规要求；设置"善学卡"，鼓励学生参与学习，激发学生学习兴趣，主要评价学生的学业进步与提高；设置"健康卡"，主要关注学生的身心发展，鼓励学生运动，加强锻炼，培养意志品质，提高身体素质；设置"尚美卡"，引导学生发现美、欣赏美、创造美，提高审美能力；设置"创造卡"，激发学生劳动激情，参与各种实践体验，提升创新素养。结合常规教育、课堂教学、主体活动，推动单一评价转为综合评价，既重视典型事件的"描述"与"积累"，又注重关键时期的"引导"与"鼓励"，全方位、多角度对学生进行过程性评价，发现和发展学生多方面的潜能，促进学生全面发展。

评价时，与校园文化联结，实现学校育人目标；与班级评价联结，形成上下"一盘棋"，从而使评价更加有效有料；与家庭教育联结，让其向家长展示评价卡，讲述获得故事，让家长了解孩子的学习与生活，促进家校协同；与日常生活联结，让学生有真实的"体验感"，促使评价客观、真实而又具体。还应注重分层分类，找寻学生的"最近发展区"，有的放矢地差异评价，让每一位学生都能"跳一跳摘到苹果"。

评价后，运用互联网、人工智能、大数据等技术，系统完整科学地统计汇总分析，形成每个学生的成长状态图、项目状态比对图，为学生自我评价、自主发展提供反思平台，正面引领学生积极参与，促使学生在体验中反思和成长。为教师指导学生成长提供数据支撑，促进教师全面、全过程育人。

过程写实评价，多向交互，家校联动，学生们在一日一评、一周一评、一月一评、一期一评中，从"我接受"到"我喜欢"，从"我认同"到"我努力"，从"我参与"到"我管理"，既鼓励学生全面发展，又鼓励其张扬个性。

表现性评价：培养未来社会的人

> 表现性评价，以评证学，以评为学，以评促学，让评价"见人""见素养"，促进孩子有意义、有深度地学习。

课程改革进入了"核心素养"时代，教育评价也亟须从再现知识的纸笔测试中脱离出来，回归到注重人的培养与发展。我们应秉承"幸福比成功更重要，素质比分数更重要，成人比成才更重要"的理念，让每个学生能获得、深度理解且在真实情境中较好运用有意义的知识和技能，使学习的机会最大化。这需要推进教育评价改革，更加重视多元、多维、全面、高级的学生素养评价，为此，"表现性评价"应运而生。

传统纸笔测试也有其自身的优势，如以较低的成本保证评价的客观性、以较高的效率测评学生的浅层知识与基本技能等，对促进学生"双基"做出了不可磨灭的贡献。但随着人们对高质量教育需求的日益增长，传统纸笔测试的低阶、孤立、脱离情境、难以评估素养等弊端也逐渐显现出来，这种测试导致学生死记硬背、机械刷题、疲于应付，增加了学生的学业负担，扼杀了学生学习的主动性。

表现性评价是收集能反映学生学习经历的过程和实践的信息来检测其复杂的思维水平的一种评价方式。它不仅仅靠回忆再现，指向高阶认知，更注重创新再造，常以方案报告、演说讲解、作业作品、项目成果等形式出现，让学生用其解决所有现实生活中所遇到的问题，让评价者更深层次、更全面地了解学生的所知所能。

一是任务设置的情境性。未来是不确定的、复杂的，可能会遇上教科书上没有提到过的问题，怎样应对？不能靠"标准答案"，而应靠"核心素养"。我们应为学生创设在真实情境中解决真问题的机会，并把评价任务放在其中，让学生不断地在发现问题、分析问题、解决问题的过程中去表现、去展示，从而获得能够适应终身发展和社会发展需要的必备品格和关键能力。

二是知识运用的整合性。表现性评价的宗旨是促进学生深度学习，这需要整体变革课程、教学与评价，将评价镶嵌在课程与教学中。基于此，应考虑知识的综合运用，而不是单个知识点的训练。需要将新知与旧知相连，学生的已知与未知相连，书面知识与生活知识相连，将知识点串点成线、串线成面、串面成体，综合起来完成复杂任务。

三是问题解决的建构性。表现性评价的任务是真实的、复杂的、开放的，学生不再面对一堆死板的文字、枯燥的公式，而是去面对真实的情境，这促使学生更专注于问题本身，让学生有机会绞尽脑汁去思考探索，尝试用不同的方案去解决问题，激发学生对学习的积极投入和对知识的主动建构，催生出一批丰富的观点和作品，促进人的素养发展。

四是自我学习的调节性。表现性评价中的量规既导教又导评还导学，所以量规的设计一定要体现专家思维，因为理解了评分规则，实际上就理解了知识本身。使用量规可以有效开展自我评价，进行自我监控，支持自我反思，提升自我效能感；也可以增加教师期望和表现标准的透明度，使学习目标更清晰，增强自我调节，展开自我评估，引导自我激励，落实自主学习，帮助学生逐步达成目标。

表现性评价，指向核心素养，以评证学，以评为学，以评促学，让评价"看到人""看到人的素养"，是学生核心素养发展的发动机，能促进学生有意义地、有深度地学习。

综合素质评价：精准、真实、有效

> 树立以儿童为中心的评价观，以精准性评价为目标，以发展性评价为手段，以有效性评价为追求，关注学生综合素质的合格程度、全面发展的和谐程度、学习能力的持续程度和创新能力的践行程度，充分发挥综合素质评价的育人功能。

评价，学校质量观的最直接表征。精准、真实、有效地评价每一个学生，引领学生"成为怎样的人"，树立以儿童为中心的评价观，是对生命的尊重与关爱。学生综合素质评价，通过观测学生解决复杂情境问题时集中反映出来的素质情况，指导学生自主成长。它面向整体的、发展的、个性的人，是破除"唯分数"论的关键，也是教育评价改革中最难啃的"骨头"。

当下很多学校及老师，在综合素质评价上都有很好的尝试。他们以素养为重，坚持问题导向，以任务驱动等方式，借力多元维度，收集大数据，建构教育质量评价模型，从知识评价走向综合素养评价，从试点到全面铺开，从价值性思考到多元化实践，走过了一段又一段艰辛的研究历程，更好地助力了学生的发展。

但受长期以来的"重智轻德""重智轻能"评价的影响，时下的学生评价同"全面育人"这一教育宗旨还有一长段距离。一是统一大于自主，现行的综合素质评价体系多是由学校统一制定的，处处整齐划一，时时一刀切断，把"全面发展"变成了"平均发展"，这种高度统一的评价模式不足以反映学校的办学特色，也无法给予学生个性化成长的空间。二是宽泛大于深入，多数的评价体系，动辄十几个维度、几十项评价要素和上百个关键表现，且每个方面都规定了具体的评价指标、记录要点和佐证材料要求，存在片面求全、面面俱到的问题，让师生烦不胜烦，无故增加了师生家长的负担，且从这些点状、碎片、作假、作秀的材料中，难以看见一个人的精神风貌和个性。三是形式大于实质，现行的评语、等级、分数三种评价方式，因参照群体、评价者掌握的标准不一，均存在形式有余而证据不足的问题。评语鉴定时，不同学生的评语大同小异，实际意义不大。等级评定时，对观测点一一评定，操作烦琐，多数老师都是应付了事。且等级还有比例控制，有些学生根本够不着，对学生后续发展的促动不大。分数表达，则又草率结论，空洞抽象，不能为学生成长提供具体、有用的反馈信息。

在"双新""双减"背景下，建构综合素质评价体系，应从知识点过关走向能力为重、素养立意，着眼于活生生的人，以育人目标、儿童生活展开构建，以精准性评价为目标，以发展性评价为手段，以有效性评价为追求，重点关注学生综合素质的合格程度、全面发展的和谐程度、学习能力的持续程度和创新能力的践行程度，从分散走向系统，从模糊走向清晰，从"筛"走向"泵"，充分发挥综合素质评价的育人功能，不断提升全面育人、整体育人的质量。

一是精准性评价。突出简约、精准、易行的特点，聚焦学生学习生活中有重要影响的关键事件、重要节点，组织引导学生在真实情境下解决实际问题、开展跨学科实践，进而记录评价其学习过程及关键表现。可以将表现性评价和纸笔测试相结合，通过形成性评价和终结性评价，开展国家课程的学力评价；可以依托品德、综合实践活动等国家课程，整合班队活动等校本课程，关注真实场景的精气神，激发生命状态，开展活力评价；还可以关注学生个性化发展，侧重特质与潜力，提升创新能力，开展潜力评价。

二是发展性评价。探索建立对学习行为与发展起制约作用的潜在素养结构及其进阶水平，把学生最终完成的若干的目标用台阶的形式勾画出来，构成发展性量规。引导学生结合培养目标和时代需要，不断思考"我将成为什么样的人"，给未来的自己画像。注重评价的诊断、激励功能，让评价双方对话交流，促进学生的自我评价、自我教育。

三是有效性评价。"综合"不是在肢解基础上的简单叠加和集合，更不是"走过场"，而应设计六年一贯的主题序列，创新设计基于全面发展的评价反馈工具，花力气对学生的成长过程及其表现做写实记录，把证据做足，防止评价无中生有、随意更改、无视证据的客观性，把综合素质档案做实。

基于核心素养去综合评价一个学生，不是只得出一个结果，而是发挥"指挥棒"作用，是引导学生自我总结反思、自我教育的过程，是学生借助他人这面镜子更好地认识自我，让评价真正成为教育，促进儿童多元丰富地成长。

学生评价体系的现状审视

当下的学生评价，目的缺"增值性"，内容缺"全面性"，方法缺"灵活性"，技术缺"数智化"，构建兼具学生发展特点和数字技术特征的学生评价体系成为必然趋势。

　　评价事关教育发展方向，学生评价是"培养什么样的人"的重要命题。习近平总书记高度重视教育评价改革。2020年10月，中共中央、国务院印发的《深化新时代教育评价改革总体方案》是指导深化新时代教育评价改革的纲领性文件，把"改革学生评价，促进德智体美劳全面发展"作为教育评价改革的重点任务，以期推进我国学生评价改革取得实质性突破。《中华人民共和国国民经济和社会发展第十四个五年规划和2035年远景目标纲要》中再次提出"深化新时代教育评价改革，建立健全教育评价制度和机制"。可见，社会各界对教育评价特别是学生评价改革的关注度越来越高。基于此，紧跟改革步伐，紧握时代优势，构建起符合时代逻辑和学生特点的学生评价体系已成为新时代教育高质量发展的核心议题。

　　学生评价作为教育评价的基础环节，是教育评价改革的重中之重。学生评价改革也是教育评价中"最硬的一仗"，综合素质评价、创新素养评价、"五育"过程评价等都是最难啃下的"硬骨头"。然而，受传统文化、应试教育等多重因素的复杂影响，我国小学生评价体系存在着诸多典型症结而面临发展困境。

　　一是评价目的强调结果而缺乏"增值性"，即传统学生评价以学业分数为核心，强调用量化的分数来表征评价的结果，导致学生评价的诊断、鉴定功能大于其调节、发展功能，使学生评价未能充分发挥激励导向作用，促进学生的可持续成长。

二是评价内容强调智育而缺乏"全面性",即传统学生评价的内容主要指向智育而非综合素质,导致以促进学生德智体美劳全面发展的教育目的出现偏差。并且传统学生评价注重评价智力因素,而忽视了情感、态度、价值观等非智力因素。

三是评价方法较为单一而缺乏"灵活性"。一方面,评价类型单一,评价主体习惯于使用结果评价这一方法,而较少涉猎过程评价、综合评价、增值评价等其他评价方法;另一方面,评价形式固化,表现为评价主体缺乏灵活运用不同评价方法的意识与能力,在很大程度上影响了学生评价的效能。

四是评价技术较为传统而缺乏"数智化",即传统学生评价以纸笔测验、人工操作为主,大数据、人工智能等新一代数字技术在学生评价中的应用尚未成熟。

基于对我国小学生评价体系现状的审视,发现传统学生评价注重均质发展、侧重学术指标、偏重纸笔测验、着重静态考察等,这些现实问题均导致了小学生评价体系与教育生态环境之间处于一种失衡状态,使教育发展面临困境。因此,我国小学生评价改革立足现实需要,以解决问题为指引,以培养学生素养为着力点,构建起兼具学生发展特点和数字技术特征的学生评价体系已成必然趋势。

建构全息智能增值评价体系

全息智能增值评价体系，攻克了评价内容、评价形式以及评价技术的实际难题，提高了评价的科学性、专业性与客观性。

基于现实检视，新时代的学生评价改革需要攻克评价内容、评价形式以及评价技术的实际难题，以全息思维、数字技术思维、增值思维为突破口构建起全新的小学生全息智能增值评价体系，以此形成学生评价新范式。

参照标准：搭建全息评价指标体系

2021年，为扭转不科学的教育评价导向，全面深化义务教育教学改革，促进义务教育内涵发展和质量提升，教育部等六部门制定了《义务教育质量评价指南》。该指南将学生发展质量评价作为构成义务教育质量评价体系的重要内容，旨在促进学生德智体美劳全面发展，培养其适应终身发展和社会发展需要的正确价值观、必备品格以及关键能力。在党的教育方针指导下，学生发展质量评价以促进学生全面发展为目标，涉及涵盖学生品德发展、学业发展、身心发展、审美素养、劳动与社会实践等方面的重点内容，成为新时代构建学生评价指标体系重要的参考依据。基于此，小学生全息智能增值评价在遵循上层的思维与行动逻辑的基础之上，以义务教育质量评价指标中学生发展质量评价为标准搭建起全息的学生评价指标体系，提高评价的科学性、专业性与客观性，如下表所示。

学生评价指标体系表

评价维度	关键指标	指标解读与示例
品德发展	理想信念	热爱中国共产党、伟大祖国、中华民族、中华文化、中国特色社会主义 （如积极加入中国少年先锋队、了解党史国情等）
	社会责任	具备承担社会责任的认知、态度和情感，并能将其转化为实际行动 （如积极参加集体活动、积极保护环境、节约资源等）
	行为习惯	包括生活行为习惯、卫生行为习惯、礼貌行为习惯与爱劳动的行为习惯等 （如朴素节俭、注重仪表、礼貌待人等）
学业发展	学习习惯	反映出学生学习的积极性和主动性 （如主动预习、及时复习、认真完成作业等）
	创新精神	具有发明创造、改革创新的思想与行动 （如制作小发明，积极参加学校兴趣小组、社团活动等）
	学业水平	学生在学习过程中所取得的能力或成绩 （如掌握学科知识与技能等）
身心发展	健康生活	具有健康生活的观念态度和行为方式 （如珍爱生命、懂得自我保护等）
	身心素质	具有学生综合发展的身体和心灵方面的素质 （如体质健康、控制调节自我情绪等）
审美素养	美育实践	学生在教育过程中进行各种形式的艺术教育活动 （如观看文艺演出、参加艺术展览等）
	感受表达	对美的感知能力以及展现美感的实践能力 （如具有审美格调、掌握艺术技能等）
劳动与社会实践	劳动习惯	学生通过经常性劳动实践形成的稳定行为倾向 （如吃苦耐劳，积极参加家务劳动、校内外劳动等）
	社会体验	学生到社会之中去，体验社会工作、社会生活等 （如参与社会调查、研学实践、志愿服务等）

全员参与：实现全过程多元化评价

全息智能增值评价是一种"以多破唯"的学生评价改革理论与行动策略，它

229

一方面表现为评价内容的全面性，即坚持"五育"并举，全面发展素质教育；另一方面表现为评价主体的多元化，即倡导多元主体参与，满足不同主体的评价诉求。因此，与传统的以教师评价为核心的单一评价方式相比，小学生全息智能增值评价倡导教师、学生、家长、社会共同参与评价，通过全员参评的方式来增强学生评价的真实性和客观性。

首先，在倡导全员参评的背景之下，教师仍然是评价学生最为主要的评价主体。教师作为教学活动的组织者和引导者，是开展教学活动的关键，其评价能够让学生及时获得诊断性与指导性的信息，为学生的学习指明方向。其次，学生评价不仅局限于教师对于学生的评价，还包括学生的自我评价和生生互评。其中，自我评价能够充分调动学生发展的主体性和能动性，引导他们对自我的学习情况进行评价和反思，使评价更贴近自身的发展状况；而生生互评是指学生依据一定的标准相互评价，这种评价方式能够帮助学生取长补短、相互促进，有利于在班级中营造积极进取的学风。再次，发挥家长在学生评价过程中的重要作用，实现家校联系的有效沟通，促进学校与家庭教育的协调统一。最后，通过公众评价提高学生对于社会的认识，引导学生审视自我与社会之间的关系，以便更好地融入社会。

技术赋能：顺应数智化评价新趋向

中共中央、国务院印发的《深化新时代教育评价改革总体方案》明确提出"坚持科学有效，改进结果评价，强化过程评价，探索增值评价，健全综合评价，充分利用信息技术，提高教育评价的科学性、专业性、客观性"的主要原则。可见，当前大数据、物联网、人工智能等现代数字技术对教育评价的革命性影响日趋明显。因此，新时代学生评价的转型与发展不仅是观念与思想的革新，更是思维与技术的变革。

基于此，小学生全息智能增值评价在过程中需要借助数字技术来实现全息性和数智化。首先，依托数字技术进行智慧记录、智慧处理学生的全息学习数据，实现对于学生学习过程的动态监测和数字管理。此外，数字技术可以基于学生的全息学习数据智能生成可视化的个体数字画像，便于家长、教师等多方主体通过画像中标签数值的变化来掌握学生的变化情况以及发展趋势，为多元主体进一步开展教育活动提供参考依据，使教育评价成为多主体共同参与和协商的教育活动。总之，数字技术的赋能不仅增强了学生评价的透明性，使学生的全息学习数据实现科学采集和严谨处理，还进一步强化了学生评价的指导性，促使学生评价充分发挥出"以评价促发展"的巨大效能。

全息智能增值评价实现"三全"育人

全息思维、数字技术思维、增值思维相互渗透融合，促进学生评价发挥出"全面育人""全员育人"以及"全程育人"的独特价值。

全息智能增值评价在评价内容、评价形式、评价技术方面实现了突破与创新，使学生评价真正走上了人文式数智化的变革之路。其中，全息思维、数字技术思维、增值思维相互渗透融合，促使学生评价发挥出"全面育人""全员育人"以及"全程育人"的独特价值，为新时代学生评价的转型与发展指明了方向。

遵循"生活处处皆教育"，实现全面育人

全息智能增值评价在实践过程中以现实生活为基点，通过践行"生活处处皆教育"来服务每位学生的全面可持续发展，为新时代教育的纵深发展与学生评价改革提供了实践思路。基于此，新时代的教育必须立足于学生的现实生活，教育教学应从学生的实际出发，促使学生评价能够切实服务于学生的发展，对学生产生实际的影响。第一，"生活处处皆教育"提倡打通课内课外、校内校外的学习壁垒，让教育渗透进学生生活的各个场景，并通过倡导完善学校、家庭、社会协同育人机制来构建全息式全场域的育人格局。第二，"生活处处皆教育"要求教育必须坚持以人为本，全面实施素质教育，使教育回归育人的本质，促进学生全面自由发展。

因此，教育教学活动要致力于促进学生"五育"元素的交互渗透与融合生成，而学生评价也应从学生"五育"的各个维度来对学生进行全面性和整体性的评价。总之，全息智能增值评价在实施过程中通过"全域育人""全面育

人"，使教育教学真正源于生活，又回归于生活。

秉持"人人皆可为导师"，实现全员育人

全员育人，就是人人育人，这意味着在学校、家庭、社会等各种生活场域中的每个人都可能对学生的学习或成长产生直接或间接的影响。全息智能增值评价在实践过程中通过践行"人人皆可为导师"的精神来构筑"以学生为中心"的育人共同体，以此形成全员参评的育人新格局，使各主体都能成为学生成长的"引路人"。因此，新时代教育高质量发展与学生评价改革离不开各类力量的支撑，其中包括家庭教育力、学校教育力以及社会教育力，即通过三大力量的交互融合来实现多元主体协同育人。

关于家庭，"家庭是第一所学校，父母是第一任教师，家庭是第一个课堂"体现了家庭教育的重要性。因此，父母作为孩子成长的第一负责人，应积极开展各种形式的家庭教育实践活动来实现自己的"教育意图"。关于学校，一方面，教师将教书育人、管理育人与服务育人结合起来为学生提供了良好的学习环境；另一方面，学生群体也为学生的发展提供了同伴效应与外在动力。关于社会，社会作为学生成长的最大沃土，应积极汇聚各类教育资源为学生提供可能的成长平台和发展空间。总之，全息智能增值评价在实践过程中通过全员育人，使学生评价切实满足不同主体的育人诉求。

追求"时时刻刻取进步"，实现全程育人

全息智能增值评价在实践过程中聚焦于学生成长的全过程，通过践行"时时刻刻取进步"的实践逻辑来激励学生在已有的基础之上不断追求过程性进步和持续性发展，使学生在进步中前行，在前行中成长。教育是由家庭、学校、社会等多方育人为主体与学生共同经历的一场"马拉松"，成功并不在于比赛过程中一时的快慢，而是在于学生到达终点时所体悟到的感情以及所获取的成就。因此，教育主体要具备科学长远的教育眼光，坚信学生成长的发展性和可塑性。相应地，学生评价也应具备动态性和增值性：动态性强调评价应贯穿于全部课堂教学，对学生发展状况进行动态检测；增值性则要求评价要以促进学生的发展为宗旨，真实反映学生的自身发展、变化和进步状态。基于此，小学生全息智能增值评价通过及时的评价反馈来强化学生的自我意识和前进动力，鼓励学生不断追求自我进步、完成自我蜕变。总之，全息智能增值评价帮助学生在进步之中汲取成长养分，积蓄前进能量，最终在叠加的进步之中实现高阶发展。

激发每一位教师的最大潜能

> 评价教师，不但有奖金、奖品、奖状，更要有激发、唤醒、点燃。激发每一位教师的最大潜能，是一所学校的不懈追求。

想要什么，你就评价什么，就鼓励什么，这是管理学中的一个重要论断。教育行业，应追求"教师第一"。只有教师先发展，学生才会发展。因为没有激情的教师，只会抱怨或泄愤，而有积极性的教师，会想尽办法解决孩子的以及自己的问题。所以，让教师评价产生力量，是每一所学校的不懈追求，但教师评价也是一块很难啃的"硬骨头"。

教师评价，不在"管理"，而在"激发"。教师评价的目的在于提高教师工作积极性，如若是来自外力的管理，会让教师有被胁迫之感，让人窒息，浑身不舒服。若是激情被点燃，则全身沸腾，欣然前往，赴汤蹈火。在教师评价制度的设计上，既要有奖金、奖品、奖状，又要有激发、唤醒、点燃，既要让制度"好评"，也要注重"评好"。

建立目标，引发内驱

成长从来都是自己的事，被拽着走的人一定不会有大的发展。教师如果缺乏对自身的正确认识，渴望进步的愿望不强，任凭外部力量怎样推动，提高的程度也不会很大。

我们应构建目标管理框架，让老师们明白"我在哪儿""我想去哪儿""我怎样去哪儿""我是否到达"，为此编制三年成长规划，与学校的发展目标同频共振。规划形成后，不能束之高阁，让其蒙受尘埃，而应将目标凝练成简短的文字，张贴在醒目的位置，时时看，处处想，随时提醒，便于对照。这样一来，学校教师便可"不用扬鞭自奋蹄"，既激发了内驱力，又提高了工作效率。

制度简明，鼓励优点

当下的教师评价体系，太过繁琐，很多弯弯绕绕，有些评价者自己都说不清道不明，更不用说被评价的老师了。这样的评价，不但不会产生激励，反而会有消极作用。我们应该制定简明扼要的考核制度，让老师们一看就懂，还能自己核算。如师德师风考核，我们可以设定负面清单，触碰底线便"一票否决"，无须再去弄很多指标量化打分了。

评优评先也需改革。大多数学校的做法都是量化评分，将分数从高到低排列，然后划定比例，评定优秀。这样不但人数少，而且打击教师积极性。因为有的老师由于生源等原因再努力也争取不到，久之只好放弃。而介于两者之间的，则心安理得，拉低了团队的积极性。评优评先，我们要让优秀成为多数，只要老师们达到学校提出的目标，就该评上，无论名额多少。

另外，鼓励即时、随时捕捉教师工作中的点滴，把这些细细碎碎、闪烁光芒的小事情，用手机记录下来，然后广而告之，并用故事、案例等形式彰显出来。构建"功勋教师"表彰办法，为其举办教学思想研讨会，让老师感到杰出榜样就在身边，卓越触手可及，并通过媒体、社会活动，把这些教师推向社会和大众，让其收获更多敬佩的目光。

薪酬激励，奖优罚懒

开展教育教学实绩考评，建立业绩衡量体系，设立差异化薪酬，实施"甄别式"考评制度，树立"业绩面前人人平等"的理念，让所有教师靠业绩说话，奖励优秀，惩罚劣者，态度鲜明，界限分明，把奖励给值得奖励的教师。一是"评贡献"，指向成果，按劳分配，优绩优酬，让想干事、能干事、干好事、干成事的人劳有所得；二是"评发展"，指向目标，让每一次进步被看见，让每一次成长被认可，让每一位老师看到希望；三是"评团队"，一个年级组、教研组有共同的愿景，心往一处想、劲往一处使，这时力不大而前行则速，反之则累而无果。考评时，考虑团队，鼓励合作，充分发挥"1+1>2"的作用。

家长督学：学校高质量发展的"同盟军"

家长督学，是架设在学校与家长之间的"沟通桥梁"，家长既是信息速递员，又是文化宣传员，还是民情传送员，更是学生利益的守护者。

随着社会的发展，人们对教育的期望越来越高，家长对学校及老师的评价标准也越加严格。家校之间或因对教育责任的理解不同，或因教育理念的相悖，致使信息不对称，产生误解又未及时解决，从而加剧了家校矛盾。

沟通是解决问题的法宝，也是校家社协同共育的桥梁。孩子在老师、家长的心目中，都是宝贝疙瘩，家校联动的目的也是促进孩子健康成长。只要家校双方都坚持以儿童为中心，真真正正地关注孩子们的真实需求，想孩子所想，思孩子所思，通过沟通、反馈，很多问题都可以迎刃而解。

家长督学，就是架设在学校与家长之间的"沟通桥梁"，他们既是信息速递员，又是文化宣传员，还是民情传送员，更是学生利益的守护者。学校应本着开放的心态、宽广的心胸，运用好家长督学这"第三只眼"，增进家校沟通，让广大家长"了解学校、评价学校、监督学校、参与教育"，共同促进学生健康成长，推动学校高质量发展，实现家校合作共赢。

让家长走进校园，可以展示学校的办学特色、校园文化以及师生员工的精神风貌，有利于宣介学校，提升学校的社会影响力；让家长走进课堂，可以展示教育理念、课堂教学以及教学效果，有助于家长了解学校的培养目标；让家长走进管理，可以让家长亲历孩子的在校生活，有助于学校发现并改进日常管理中存在的问题；让家长走进评价，可以倾听家长的心声，改进学校的整体工作，实现校风、教风、学风的良性循环。

家长进校后，可以开展"六个一"的工作。一是"一次理念渗透"，往常的家长会或家访因沟通时间空间的局限，家长很难真正了解学校的教育理念和教学方法。通过家长督学，家长们深入学校、走进课堂，可以更好地细揣深品学校教育理念，促进理解。二是"一次课堂观摩"，通过观课、交流，可以让家长体会孩子在校的学习环境，零距离感受新课程教学，及时向家长反馈孩子在校表现，促进有效沟通，使其更能理解老师的不易。三是"一次午餐陪餐"，通过观看阳光厨房、查看食谱、跟踪配送流程等，让家长全方位了解菜品质量、食品健康、营养搭配，打消家长顾虑，增进彼此了解。四是"一次社团体验"，邀请家长再当一回学生，参与一个社团，从头到尾参加活动，让家长更加深入地了解课后服务。五是"一次汇报反馈"，一日督导流程结束后，开辟半小时的"校长通道"，让校长家长面对面交流，可以是一处亮点，也可以是一个金点子，还可以是问题建议，学校虚心接纳，细致解答。六是"一次宣讲推介"，让家长们把本次校园体验中的所见所闻、所感所想讲给身边的家长，让其余的家长感同身受，自愿为日新月异的学校、敬业奉献的老师、多元成长的孩子点赞。

家长进校，既是宣传，更是沟通，也是为了监督。所反馈的亮点，当即被制作成"红榜"，全校通报表扬。若是有不好的、有损形象的反馈，立即查实，制成"黑榜"批评，并责令改正，定期"回头看"，为学校的高质量发展增助力。

好学校是良好的校园生态圈

> 好学校一定要回归教育常识，以学生为中心，把准孩子独特的密码，营造自然、和谐、共生的生态场，让孩子经历有意义，有价值的童年。

站在 2023 年的岁末，回望着这一年的艰辛与喜悦：坚持每天晨起 1 小时练字，校门口 10 万余次的击掌迎接学生，穿梭于教室间听课 200 余节，"公众号"码字 40 多万，公开发表文章 13 篇，分享教育心语 365 条，读完 20 本书……在用数字画像诠释自己的同时，心里莫名涌动着接续前行的信心和勇气。

2024 年是全面贯彻落实党的二十大精神的关键之年，作为基层学校的"掌门人"，我们该做怎样的思考呢？中央经济工作会议提出"切实保障和改善民生"的重点任务，我想"把学校办成老百姓家门口的好学校"，让其更有温度，更有高度，更有精度，更有亮度，促进孩子全面而有个性地发展，从而达到质量自信、教学自觉、专业自省，这是校长的应尽之责。

家门口的好学校，一定要回归教育常识，这就必须正视学校里的每一个鲜活生命。学校是一个自然、和谐、共生的生态场，我们应以学生为中心，让儿童更像儿童，让儿童感受到学习的快乐，让儿童经历有意义有价值的童年。应把准孩子独特的生长密码，懂得适性培育，适切地帮助到每一个孩子。还应懂得欣赏与守望，让包容去成全孩子饱满生长，追求完整生命成长、成才、成己。

首先是经营好关系

校风蕴含在校长、师生的言行中，所谓"关系好才会真的好""先有关系，再有教育""心情好，事才干得好"。孩子是天真纯洁的，他们用心灵来学习，用直觉来感受。好学校是一个成长共同体，是一个有爱心，有温馨的能量场，校长应营造温暖、真诚、向上的学习场域，让人与人之间彼此滋养。只有关系好了，教育效果才能好。春风化雨的教育，如沐春风的校园，师生关系是和谐的，他们亦师亦友，谈笑有度，手牵手，肩并肩，共赴一场学习之旅，用真挚的情感促成教育的真正发生。师师之间，有分工但不分家，有竞争但不内讧，相互尊重，相互理解，相互包容，紧急关头有挑灯夜战奔赴目标的激情，闲暇之余有谈笑风生的情趣，但绝对没有"这山头""那帮派"的"窝里斗"。老师与家长的关系，因沟通而和谐，小事小沟通，大事大沟通，好事常沟通，坏事冷沟通，表扬贴切，批评委婉，不贴标签，及时反馈。让每一个学生在学校都有心理安全感。生生之间友好互助，既是很要好的同学，又是心贴心的好伙伴，既有个人打拼，更有团队努力，没有"你赢了，我输了"，只有"为目标而扣手"的团结奋进。校长要用"人性尺度"丈量教育，履行着"师有呼，校有应；生有求，校有动"的承诺，做老师成长的脚手架，成为孩子生命中的贵人，办有温度的学校。

其次是质量必须高

老百姓看学校，关键看教学质量，好学校的教学质量一定高，这是大众的普遍认识。然而生活中，我们错把"高升学"看成"学校好"，误把"C9生"当成"高质量学生"，导致教育内卷越演越烈、非理性竞争越来越多，影响了师生健康，恶化了教育生态。一个好校长就是一所好学校，好校长应有依法办学的定力，以及抵制歪风邪气的魄力，敢于对不良风气说"不"。教育是致良知的事业，面对天真可爱的孩子，需要扪心"三问"：一问"我们在依法依律办学吗"，是否有悖于教育法律法规，是否有违背身心发展规律，反观"作业还多吗""教师还苦吗""学生在笑吗"进而观察校园中的细节，一砖一瓦，一花一草，学生教师的一举一动，一颦一笑，有无教育味道，有无教育表达。我想杂草丛生的花园、翻天覆地的跑闹、撕心裂肺的责骂、机械重复的刷题，绝对不是老百姓心中的好学校。二问"我们的校园价值观"，是唯教，还是以实际出发；是唯分，还是为素养而教；是老师趾高气扬高高在上，还是尊重关爱每一个孩子。学校是孩子的，一切应以学生为中心，让孩子站在学校正中央。校长应有儿童立场，树立"孩子的需求点就是校长的工作着力点"的理念，从儿童的视角出发，作所有决策前都去问问"学生干不干、愿不愿、答不答应"。三问"学业成就"，这不仅仅是语数外、理化生，更要看音体美，既要让孩子有品德，还要能跑、能唱、能画，更要能考。既要让孩子耍得好，又要学得好，关键时候还要考得好。树立"人人出彩、人人成才"的观念，核算付出与收获间的成本，摒弃"时间＋汗水"的做法，让学生接受高效率的课堂教学，享受高品质的学习生活。

最后是育创新人才

教育是培养未来社会的人，创新是未来发展之需、未来社会之本、民族进步的不竭动力。当下"死记硬背""单纯记忆""机械操练"的课堂，"灌输多、生成少""形式多、体悟少""模仿多、创新少"的教育，很难培养出创新人才，唯有破立并举、标本兼治才有可能。首先校长及其老师要有敢为天下先、敢拼敢干的精神，聚焦孩子的全面发展，秉持"问题导向"，运用"痛点思维"，激发孩子的内驱力，带领学生多元且个性地发展，形成"一生一技""一生一品"。其次校长应由点串线，由线成面，由面到体，在坚守中创新，在创新中坚守，自觉、理性、严肃地建构课程，讲好学校故事，特别是课程故事。

教师要以研究者的姿态把握课堂，以学定教，以教导学，少教多学，少操控多放手，鼓励冒险、创新和创造，以大概念大单元带动学生，注重学生思维的深度、广度和速度的提高，让学生想别人没有想到的、说别人没有说到的，提高课堂的品质。还要培养学生的研究者思维，让学生放眼生活，从中寻找问题，形成课题，循证研究，进而建立新概念、新认识、新联想，激发好奇心，提高创造力，让孩子在真实情境、真实事件、真实任务中解决真实问题，培养其创新精神。

载于《德育报》（2024年1月），有改动

好学校的十二条量规

> 好学校一定是基于儿童立场的，让孩子最大限度地走进真实的世界，为生活而学习，为生活而重塑学习。

人人都喜欢好学校，家长都希望自己的孩子能上好学校。好学校是什么样子的？有"名校长"的学校，还是有"名教师"的学校，抑或是有"名学生"的学校？答案多如牛毛，各方各抒己见。相信每个人心中都有自己的评判，标准还不尽相同。

我想，好学校一定是基于儿童立场的，好学校让孩子最大限度地走进真实的世界，为生活而学习，为生活而重塑学习，循着儿童生活一路谋变、一路出新。

"学生中心"，育人重在育心，学校应尊重学生的主体地位，一切围绕学生、为了学生、服务学生、激发学生，主动了解，倾听心声，从细微处观察学生情绪行为动态，关注学生心理健康，多鼓励表扬，多引导关爱，多表达关心，多陪伴认同，让亲师互动影响建立归属感和安全感。

"学为中心"，教师通过多种引导性、促进性、激励性教导，将学生能动、独立的学习置于教学过程中心，培养学生的社会责任感、首创精神、解决复杂问题的能力、自主学习与发展意识等素养。

"规划发展"，学校既要仰望星空，又要脚踏实地，遵循国家的要求、社会的需求、学生的渴求、教育的追求，摸清家底、看清优劣、理性分析、发现机遇、凝聚共识、着眼长远，以规划机制建设引领学校发展，引领学校从管理走向治理。

"文化传承"，学校是文化传承与创造的场所，这是一种能动的教育力量。学校应扎根中国大地办教育，建设无痕的文化场域，在潜移默化中培养知家国文化、有乡愁记忆的人，实现"以文化人"。

"课程建设"，这是"招牌菜"，学校应拥有与培养目标相匹配且具有自身特色的课程结构，体系简约大气，模块清晰明了，着力落实国家课程校本化，注重培养创新型人才，实现整体性的课程育人。

"课堂变革"，"双减"背景下，减负、提质、增值是关键词，这需要内涵式提升教学质量。学校应把课堂作为育人的主战场，在教育教学改革的最深处、最痛处动刀子、做手术，聚焦课堂，深耕课堂，决战课堂，实现校内提质。

"学习空间"，构建跨学科课程实践，让学生在真实情境下学习，以"玩"的方式探究，把学科知识、生活经验变成学生的工具，让学生通过亲身实践活动获取直接经验，锻炼学生的高阶学习能力。

"师资优良"，好学校拥有一群爱教如命、爱校如家、爱生如子的好老师，他们尊重儿童，喜欢儿童，鼓励儿童，实施正面管教，发自内心地享受与孩子共处的时光。他们上好每一节课，关心每一个学生，既看得见学生，又看得见教育，不只为成绩，却能赢得过成绩。

"教学研究"，教而不研则浅，研而不教则空，教研组、备课组、课题组"合署办公"并各司其职，教师以研究者的姿态拥抱新课标，为"自己"做研究，在研究中做"自己"，做"最小的""最接地气"的研究。

"共同治理"，当下的学校，有着有形的围墙却被教育理念穿透，不仅传授有形的知识，还要用无痕的素养育人，这需要在有边界的学校做无边界的教育。应打破时空的边界，解开教育形式的边界，打开学习方式的边界，构建校家社联动协同育人的框架，由"公共治理"走向"共同治理"。

"注重细节"，校园里小事多，却是师生的日常。以小见大，可以从小事窥见学校的"大格局"。因为好教育是做出来的，再好的教育理念仍靠小事去落实。学校应多关注教师的教学与生活，多关注家长的意见与反馈，多呈现学生的学习与忧愁等。

"质保体系"，建立科学的质量保障体系，通过组织变革赋能管理，建设学习型、学术型组织。把质量交给制度，有一套既尊重又能激发主观能动性的正向教师激励机制，引导教师自由创造的潜能。

好老师是孩子一生中的贵人

> 好老师，是良师，好似伯乐，慧眼识珠；是良友，好似学伴，互助共学。

好老师拥有大爱，他们热爱孩子，谈吐幽默，聪明机智，性格乐观，理性而真挚，博爱而仁慈。当学生失意时，好老师的一句鼓励，可以化"自卑"为力量；当学生调皮时，好老师的一个眼神，可以给"顽石"以感化；当学生害怕时，好老师的一个举动，可以变"胆怯"为激励；当学生困惑时，好老师的一个指点，可以化"愚钝"为"智慧"。

好老师是什么样子的？是良师，好似伯乐，慧眼识珠；是良友，好似学伴，互助共学。好老师是生命中的贵人，能最大程度激发学生潜能，能帮学生走出人生低谷，找到前行方向，迎来美好生活，让学生走得更远。

好老师，是幸福的

幸福在哪里？幸福在"辛勤的工作中""艰苦的劳动里"，也在"辛勤的耕耘中""知识的宝库里"。是的，老师的幸福也在于传道授业解惑，在于传播知识、播种希望。

从另一个角度看，幸福还来源于心，来自内心的平静与知足。教师是与灵魂打交道的职业，教育是用灵魂塑造灵魂的事业。只有教师的灵魂充盈、生活多彩、阳光热情，才有可能培养出幸福、自信、愉悦的学生。一言蔽之，教师幸福了，学生才能幸福。

教师生活在大千世界中，扮演着很多人生角色，既是父亲（母亲）也是儿子（女儿），既是老师又是学生，需要左右逢源、上下协同，需要尊重他人，也渴望被别人尊重，需要处理好方方面面的人际关系，需要"好人缘"，增加人情味，减少火药味。教师还要找到人生的爱好，不是纸牌麻将，而是琴棋书画。每天读一个小时书，或是晨起早读，又或是午间午读，抑或是睡前晚读，领悟历史之豁达、哲学之深刻、科学之睿智、文学之包容。只有这样，情绪才健康，人格才健全，才能给学生输出正能量，树立正向的"活教材"。幸福是传递的，情感是传染的，身教强于言教，身在其中的学生才能被幸福包围，感受生活学习的幸福。

好老师，课上得好

上好课是老师的主责主业，课堂是老师的主阵地主战场。一位老师任你文笔飞扬、才华横溢，课上不好也不能称其为好老师。我们这里说的上好课，不是作秀式的、表演性的"赛课""公开课"，而是老师天天教、学生天天听的"家常课""常态课"。

家常课，不好教，全凭良心。因为没有监控与评价，也没有监督人或听课者。课前准备充分与否，没人知道；课上投入多少才学与情感，也没人知道；课后作业批改、培优辅差是否认真，还是没人知道。只凭教师个人自觉自愿。实质上，按职业规范，每一位教师都应树立"课比天大"的理念，简洁、朴素、自然、平常地上好每一节课。

上好家常课，确实不易。但，上好家常课，是正路，更是王道。老师们最容易唱"独角戏"，什么都想讲，什么都讲不好，只求自己心安，不求学生过手，导致信息零散，知识过量，课堂不聚焦、欠整合、不精准、缺深度。魅力课堂，应把握好"五个度"：一是目标有精度，目标从课标中来，从学生中来，从生活中来，不散、不偏、不多，坚实笃行；二是内容有梯度，符合学生认知，知识逻辑清楚，结构组块清晰；三是交流有温度，以尊重、倾听、鼓励建构课堂文化，与学生关系平等，对学生说话和气，行"不言之教"，育时代新人；四是思维有广度，杜绝灌输，让学生"胡思乱想""胡说八道"，这样才能"奇思妙想""能说会道"；五是评价有尺度，注重形成性的及时评价，更注重目标达成度的考评，以评促教，以评促学，既让老师"明白教"，又让老师"教明白"。

好老师，喜爱学生

爱，是信任，是尊重，是鞭策，是激情。高尔基说过："爱孩子是老母鸡都会做的事情。"顾明远老先生也曾说："没有爱就没有教育。"爱孩子、爱学生，是老师的天职。但，这样的爱，不是随随便便的，也不是简简单单的爱，陶行知先生的"四颗糖"故事告诉我们，要以爱的方式触及学生的心灵、深入其灵魂，从而达成教育的目的。所以，光有爱心还不够，需要一定的技巧技能，需要从懂学生做起，由"不会爱"到"会爱"，从"只会爱"再到"智慧爱"。

爱之首要在倾听，以尊重去靠近，听其言，观其行，思其虑，识得好动心、模仿心、好奇心、游戏心，理解儿童的心灵史，及时回应支持；爱之关键在于信任，信任也是生产力，教育中耐心多一点、宽容多一些，深信不疑，便可点燃学生的心灯；爱之重点在激励，孩子需要鼓励，就像植物需要阳光。每个学生都是上天派来的天使，一句鼓励性的问候，一段激励式的表达，会产生核反应堆的效应；爱之作用在育人，用真情唤醒，用人格影响，用爱心培育，用心灵照亮，关心身体偏弱的学生、对犯错误的学生信任、对有个性的学生尊重、对学困生赏识，总之一点，"情感育人"。

好老师的十二条量规

好老师，是思想自由者，有教育理想，有教育良知，有教育实验，有独立精神，在学生中是"最可爱的人"，在社会上是"杂家""博学家"。

"学高为师，身正为范"，这几个大字，曾庄严地挂在我所就读的师范学校的高墙上，至今还深深地印在我的心里。老师，一个受人尊敬的称呼，一个值得崇敬的职业，园丁、红烛、灵魂工程师……这些美好的形容，都难以与这门职业相媲美。

教师的使命是伟大的，任务却是艰巨的，要唤醒生命的价值，激发生命的动力，挖掘身心潜能，提升生命质量。好老师，是思想自由者，有教育理想，有教育良知，有教育实验，有独立精神，在学生中是"最可爱的人"，在社会上是"杂家""博学家"。

国有"四有"好老师之标准，然而，当我们把视角放低，站在儿童的立场，从学生的角度观察好老师，又有哪些量规呢？

"会身教"，注重自身言行，注重自身仪表，信守承诺，言行一致，为人师表，做到师魂美、师心慈、师言谨、师风纯。

"会尊重"，用爱走近每一位学生，用宽容之心去呵护学生，懂得维护学生的自尊，把学生的缺点当特点，发展学生个性，最大限度调动学生的积极性，激发其巨大潜能，让每个学生都闪烁着个性的光芒。

"会微笑"，老师的微笑是一剂良药，可以治愈学生心中的阴霾。老师时常对学生微笑，虽然简单，却是一种欣赏、一个鼓励、一份关爱，这是诗意的享受，让学生获得幸福的体验。

　　"会倾听"，教师能深入地了解学生的内心世界，感受学生的喜怒哀乐，倾听学生的心声，呵护学生的心灵，无私地、理智地爱学生，帮助学生远离"坏情绪"，陪伴学生健康成长。

　　"会鼓励"，坚定每个学生都能成才的信念，用发展的眼光看待学生，激发学生的自尊心、自信心。孩子们都渴望被信任、被尊重，教师应尽量去挖掘学生的闪光点，对每位学生都抱有积极的期望，鼓励他们在原有的基础上不断进步，让学生体验成功。

　　"会引导"，对准学生的心弦，与学生同频共振，循循善诱。从细微处入手培养学生良好的习惯，把学生的"错误"看作教育契机，让学生学会在错误中成长。最大限度为学生提供宽松的环境，鼓励学生参加各种各样的创造性劳动，让学生的智慧在指尖上灵动。

　　"会组织"，教师善于目标引领、科学策划、明确分工、总结评估，培养学生的聆听、思考、决策以及制定计划、实施评价等能力，培养学生的集体主义精神和集体荣誉感。长于演说，用激情感染学生，用热情感动学生。

　　"会品课"，能以欣赏的眼光、研究的心态和分享的情调，去观察、品悟专家及同事的课堂。以数据为支撑，开展循证式议课，并反思自己，寻求变革。

　　"会讲课"，以学定教，少教多学，先教后学，语言诙谐幽默，叙事具体生动，说理深刻透明，抒情真切动人，引导学生自己去发现，去探讨，去推论，尽量让学生在快乐中掌握知识。

　　"会专研"，喜欢阅读，勤于反思，动笔写作。以研究者的姿态行走，做一名研究型教师，专研自己的课堂，关注自己的学生，把工作当事业做，体验工作的乐趣。

　　"会协调"，教育学是关系学，老师应与学生同心、与家长同向、与社会同行，处理好师生关系、师师关系、校家社关系，营造和谐共生的能量场。

　　"会生活"，珍爱生命，热爱运动，有自己的兴趣爱好，有自己的精神空间，能管理好自己的情绪，以积极乐观的心态对待生活，面对困难，笑迎人生。

好班级成就更好的孩子

> 好班级立魂，凝聚精气神，化身你我他；好班级立信，师生行之，且共护之；好班级立业，思敏捷，才横溢，品好绩优。

班级是一个集体，是培养孩子团队意识、融入集体生活最有效的平台。同一个班级就是同一个家，全班拥有着同样的梦想，孩子身处其中，耳闻目染，潜移默化，言改行易。好的班，学风浓、目标明，习惯好，斗志昂、成绩优；坏的班，则反之，秩序混乱，疯跑疯闹，学生难管，卫生糟糕。

好班级是美好的，目标一致，共筑愿景，师生共存，生生相惜；好班级是诗意的，港湾温馨，书写浪漫，春风化雨，照亮彼此；好班级是智慧的，敢于发问，转问为题，炼石成金，用于生活。好班级立魂，凝聚精气神，化身你我他；好班级立信，师生行之，且共护之；好班级立业，思敏捷，才横溢，品好绩优。在这里，没有恐惧，没有焦虑；在这里，只感安全，留念温暖。生命就是不断地遇见，我们期待这样的遇见，遇见好班级，遇见好老师，遇见好孩子。

好班主任成就好班级

一个好班主任就是一个好班级，一个好班主任造就几十个好学生。班主任是微小的"官"，却作用巨大。上头连着学校、下头牵着学生，左边握着"科任"的右手、右边又牵着家长的左手。虽没有三头六臂，却是钢铁"超人"，一路成长一路歌，为学生保驾护航。

好班主任是孩子的精神领袖，政治坚定、业务精湛，树立班级目标，营造班级文化，打造"精神共同体"。好班主任也是孩子成长的引路人，不但在于"教"，还在于"育"，引导孩子为实现梦想而努力奋斗。好班主任是协调者，设计学生成长的路径，调用一切可支配的资源，铸就孩子美好人生。好班主任也是促进者，尊重个性，激发潜能，让学生拥有美好的梦想，让学生成为学习的主人，让学生的人生绽放精彩。

好习惯成就好班级

叶圣陶老先生曾说："教育就是培养习惯"。好班级，老师培养学生的好习惯；好班级，学生拥有好习惯。习惯是种子，散落在坐、立、走、卧、吃、用、穿、戴中生根发芽；习惯也是力量，积蓄在听、说、读、写、审、验、检、复中蓄势迸发；习惯还是指南，平常在主动积极、以终为始、要事第一、双赢思维、知己知彼、综合统效、不断更新中研习，聚焦高效能，产出高质量。

习惯培养，贵在"勤""严""细"三字。勤则事易，懒则事艰。勤接触，多看多问多想，深入学生，眼观六路，耳听八方，了解思想，掌握动态，减少阻力。勤表扬，减少数过，重在赏长，激发向善，达成教育。严是爱，宽是害，好班级必须严格。规其言，严其行，形成良好的班风。严律己，重身教，榜样力量不可挡。同时，应严而不厉，严而有度。绳从细处断，冰从薄出裂。"管"学生的吃喝拉撒，要细；"理"班上的簸箕扫把，要细。天下大事必作于细，班级事无巨细，凡事必躬亲。

好活动成就好班级

感情靠走动，团队靠活动。开展班级活动，虽费时费力费钱，但学生的组织力、表达力、交往力、抗压力能得到大幅提升。想建造好班级，需要赢得学生的支持。需要把心放到学生那里、把心放在学生的世界中，需要从靠近学生心的地方开始，需要从做好每一次活动开始。

学年初，统一规划；学期初，周密计划；学月初，细致谋划。春，可踏青，也可赏花；夏，可观荷，也可听蝉；秋，可收割，也可看叶；冬，可爬山，也可滑雪。跟着课本去旅行，可以促进书本知识与生活经验深度融合；开展研学旅行，也可以用自己的眼睛观察社会，用自己的心灵感受社会，用自己的学识探究社会；科考探秘，农家实践，还可以学思结合，知行统一。学生成长在活动中，节日中，展演里，人人参与，不落下任何一个学生，激发求知欲，促发自生长。

好班主任的十二条量规

所谓"格局决定未来"，班主任现有之格局，将是学生未来之前程。

　　都说班主任是最小的官，但作用却非同小可。班主任的形象就是学校的活品牌，他们离学生最近且与学生朝夕相处，有着四梁八柱之功效。他们是学校和学生之间的纽带，也是学校与家长间的桥梁，既对班里所有学生的全面发展负责，又保证着学校的基本教学秩序。

　　做班主任，学生的日常学习、生活得管，零零碎碎的事得管，确实很累，但也最有成就感，其最大的财富就是收获了至真至纯的师生情谊。班主任是学生的引路人，也是学生最亲密的伙伴，最能唤醒并培植学生的优秀品质。做班主任是教师生涯中不可或缺的一部分，应站在教育家的角度，做一名幸福的班主任，创造一个灿烂的自我。

　　管理，既是技术，又是艺术。班级管理亦然。一个好班主任的评价标准，有很多，我们应寻求能引领班级向前发展的、能助力班主任专业成长的、能激励学生提高素养的关键性量规，去衡量，去判断。

　　"愿景规划力"，班级愿景是未来几年班级所要发展成的样子，班主任要构建学习型组织，激发每一个学生的动机，转变班级成员的学习方式。

　　"文化塑造力"，秉承学校文化，多层面多角度讨论交流，形成班级的集体价值观，确立班级精神文化的核心，形成班级文化体系结构。

　　"目标引领力"，传导学校育人目标，继而明确班级要培养什么样的人，刻画班级毕业生形象，形成对学生精神成长的巨大引领作用。

　　"组织架构力"，班级是小社会，班主任要营造积极民主的组织文化，优化班级组织设置，实施扁平化管理，促使"小机构"产生"大能量"。

"制度建设力"，制度是管理的基础和核心，班主任要建立科学的制度体系和完善的执行机制，确保班级正常运行和高质量发展。

"干部培养力"，选优配强班干部，把既有号召力又有自我管理能力的学生培养成班干部，发挥干部的模范带头作用，培养干部团结协作的精神，鼓励班干部大胆工作，帮助其树立"威信"。

"氛围营造力"，抓典型，树正气，刹歪风，以理服人，以规治班，让班级成员知道"正气形成，班风自成；班风形成，学业自成"，努力营造良好的班级氛围。

"教育管理力"，遵循教育规律和学生成长规律，针对不同年龄段、不同性别、不同心理状态、不同环境背景、不同性格特征的学生，采用不同的方式进行教育。鼓励肯定学生，帮助建立自信，让其张扬个性，超越自我。

"关系协调力"，班主任是班级的核心，要定期召开科任教师会，会诊班级问题并协商解决。还要设法在学生中维护科任教师的"威信"，引导学生理解并支持科任老师，科学有效地向科任老师转达学生的想法。注重家校共育，定期召开家长会，协调家长同心、同向、同行。

"生涯规划力"，能清晰地把握学生的特长，具备指导学生生涯规划的能力，帮助学生找寻适合的未来生活方式。

"时间管理力"，帮助学生树立节约时间和统筹优化的观念，给不同的学生配置不同的时间管理方案，教会学生进行有效的时间管理，提高学生的学习效率。

"总结反思力"，班主任应每天组织学生开展暮省，对学生严格要求，关注学生的"第一次"，及时纠错。每周应开好班会，复盘当周的工作，并进行反思改进。

爱是教育的起点，班主任还应大爱无疆，不功利，不势利，为人大度，做事宽容，让班级管理既讲规则，又充满感情。所谓"格局决定未来"，班主任现有之格局，将是学生未来之前程。

载于《中国教师报》（2023年11月），有改动

好家长是孩子一生中的风水

> 家长，既是家庭角色，也是社会角色，对家庭、家族的兴旺繁荣起着至关重要的作用，对国家、民族的富强振兴也作用巨大。

家长，是一种职业。这个职业有别于其他任何一种，与众不同，无需专业学习，也不需要上岗资格证。"执业"时只凭父辈及身边人的口口相传，或凭自己的想当然。家长，也是一个职业经理人。所投资的项目，周期长，耗资大，收效却可能不尽相同。家长，既是家庭角色，也是社会角色，对家庭、家族的兴旺繁荣起着至关重要的作用，对国家、民族的富强振兴也作用巨大。

时下，尤其是家庭教育立法后，琳琅满目的家教书籍、各式各样的培训项目、千奇百怪的微信推文，品种繁多，数不胜数。至于好家长的评判标准，各有讨论，众说纷纭。在我们身边，有用心用力过猛导致孩子反目成仇的，也有不上心、不用力催生"野孩子""熊孩子"的，问题频发，积重难返。好家长是什么样子的？怎样做好家长？需要叩击灵魂，回归本来。

尊重规律，树立榜样

世间万物皆有规律，人间万事皆有因果。因律而起，因道而行，则物安事顺；违背规律，背道而驰，则天怒人怨。家庭教育是一门科学，是一门交叉学科，涉及生育、生活、生产等方方面面，涉及政治学、生活学、教育学、社会学等。好家长应深谙家庭教育学之原理，用专业的视角、专业的原理、专业的思维解决专业的问题，摒弃凭感觉的"蛮干"，倡导重科学的"巧干"。拥有儿童立场，以儿童视角，了解儿童规则，用儿童的规则思考问题解决方案。

喊破嗓子，不如做出样子。在孩子面前，语言苍白无力，身体力行才最具说服力。问题孩子背后一定有个问题家庭，换句话说，孩子的问题，根在父母。"活出孩子钦佩的模样"才是好家长该有的画像。倘若想让孩子懂得尊重，好家长应尊重孩子，尊重他人；如若想让孩子爱读书，好家长应放下手机捧起书本；如果想让孩子有礼貌，好家长应勤打招呼待人有礼。凡是种种，不一一列举。父母好，孩子才好；家长棒，子女才棒；父母的样子，就是孩子未来的样子。

建立规矩，确立目标

没有规矩，不成方圆。规矩是立世之本、兴业之要。孩子的一生中会经历很多规矩，在学校有校纪、班规，在生活中有乡规、民约，在单位有规章、制度，在家庭中也要建立家训、家规。有些人崇尚自由，实际上真正的自由是没有的。有规矩的自由叫活泼，无规矩的自由叫放肆。"养不教，父之过"，父母的使命之一就是给孩子建规则立规矩，进而引导孩子敬畏规则遵守规矩，培养懂规则有教养的时代新人。

目标是灯塔，是航帆，是指南针。有了目标，才有努力的方向，人生才不会感到迷茫。现在的孩子，大多是为学而学，却不知到底为谁学，为什么学。好家长应引导孩子有梦想，鼓励孩子去追逐梦想，发展兴趣特长，树立人生目标。制定目标，应深挖自己，准确分析，既不能高估，也不可低估。目标设定得太高不好实现，不可；太低，太容易达成，也不可。最好是"跳一跳能摘到苹果"。追逐目标，好家长应是脚手架、助威者，多表扬少批评，多放手少插足，多加热水少泼冷水，让孩子专心专注、知行合一，一步一步接近目标、实现目标。

积极情绪，赏罚并用

情绪是生命内在的语言，是一种生命的流动。情绪还具有很强的传染力，父母情绪稳定温暖，家庭和谐温馨，孩子轻松愉快；反之，家庭鸡飞狗跳，孩子则狂悖叛逆。从这一角度讲，家庭成员的情绪决定着孩子的未来。情绪没有好坏之分，每个人都有自己的情绪，面对情绪，应试着去接纳、去拥抱，而非去否定、去抵触。好家长要重视家庭情绪氛围的营造，指导家庭成员识别情绪、管理情绪，做情绪的容器，做情绪的主人，掌控自己。

家庭教育具有情感性，家长们很容易被情绪裹挟，而做出不恰当的选择。生气不是目的，育人才是根本。好家长应把孩子当成独立自主的自然人，互相沟通时，应注视着他的眼睛说出自己真实的意思。多鼓励，少指责否定，善用表扬，做到及时、具体地指出问题、实事求是。同时，面对错误，也应惩罚，但不是变相打骂，先是讲清错在哪儿，后果是什么，自己的感受是什么，再使用剥夺某些权利或行为补过的方式实施惩罚，既保护孩子的自尊心，又让孩子为其行为"买单"。

好家长的十二条量规

一份量规，是通向好家长目标的地图和导航。

　　站了几年的校门口，同成千上万的家长打过交道，常常看到有些家长向别人家的孩子投去羡慕的眼光，嘴上赞美的词语不断，而说到自家的孩子，总是"摇头晃脑"，或"唉声叹气"，或"怨声载道"，这也不是，那也不行，反正"一百个不满意"。

　　为什么"优秀"的孩子总是别人家的，而"糟糕"的孩子却是自己家的？家长应去思考成因。不但要从孩子身上去找，更要从自己身上去寻。

　　现在各行各业都有从业资格考试，获证才能上岗。而家长这个行业却很特殊，它不需要专业学习，也不需要专业考试，但对孩子，乃至对家庭、家族、国家、民族而言，都非常重要，是一个不可替代的职业人。

　　成为好家长是家长们的"终极"追求。怎样才能成为好家长，好家长的标准有哪些？我们想制定一份量规，让家长自己对照测量评估，成为家长通向好家长目标的地图和导航。

　　"懂共育"，认可学校的教育理念和育人目标，理解学校，信任老师，与老师心往一处想，劲往一处使，家校相互统一，携手奔赴目标。

　　"懂沟通"，与学校、班主任、科任教师保持适度的良性沟通，坦诚相待，相互尊重，虚心接受并有效执行老师合理的教育建议，通过正规的渠道和正确的方式合理诉求。

　　"懂参与"，积极参加学校、班级组织的各项家校活动和志愿服务，能积极主动地利用和发挥自己的专业特长，为孩子的成长提供帮助。

"懂关系"，和谐、融洽的家庭环境，尊重、信任的夫妻关系，理解、支持的亲子关系，是孩子成长的坚强后盾。

"懂表达"，合理表达自己的情绪，不要向家人宣泄自己的负面情绪，与孩子发生冲突时，先处理情绪再处理事情，冷静90秒后再表达自己的想法。

"懂换位"，多站在孩子的角度思考，多站在家人的角度思考，保持平常心和平和心，定时召开家庭会议，民主协商家庭问题。

"懂示范"，教育起源于模仿，言传不如身教。父母是镜子，孩子是父母的影子，好家长的行为要自慎，时时处处作孩子的表率。

"懂尊重"，每个人天生都有自尊和羞耻感，爱孩子从尊重孩子开始。孩子做错事，不要劈头盖脸地一顿责骂，应与孩子一起分析，制定改进措施。

"懂鼓励"，善于发现孩子的闪光点，有一套鼓励孩子的思路，会用鼓励孩子的话术，允许孩子犯错误，给孩子反思和修正的时间和空间。

"懂陪伴"，尽量抽出时间陪伴孩子，每日一次亲子沟通，每周一次家庭日活动，每月邀请或参与一次孩子的朋友聚会，每年与孩子一起策划一次远足旅行等。

"懂倾听"，理解、关注孩子，放下自己的姿态，认可孩子的情绪，平等、耐心、友善地倾听孩子的心声，给予孩子鼓励。

"懂教育"，家庭教育的重点在习惯养成，注重培养孩子生活学习中的好习惯，如待人谦和、有礼貌、懂感恩、做家务、合理规划学习时间等。

孩子是独一无二的，家长也是。量规不是一份要求，而是一款工具，一种参考。追寻"好家长"的路上，我们需要"找方法""用方法"，寻求有温度的教育去感化孩子。

载于《时代信报·新家长》(2023年12月)，有改动

后 记

　　从教 23 年，从农村到城市，从学校到机关，从一线到管理岗，工作岗位不断变换间，时光流逝，岁月消磨，身边人、手中事不停变换，但始终没变的是我对教育的这份热情和执着，始终坚持的是成长"五个一"。

　　在"一日一语"中反思、凝练与分享

　　美国心理学家波斯纳关于"成长＝经验＋反思"的谆谆教诲常在耳边萦绕。观课议课中，师生交往间，家校沟通时，各种教育事件悄然发生，回望这一幕幕一桩桩，偶有拨云见日、自我突围之感。随即提笔，要么给予肯定、支持与强化，要么给予否定、思索与修正，要么给予分析、研判与预见。我把它们凝练成一段段文字，书写所思所想，分享所收所获。春去秋来，寒暑易节，近 7 年的时间里竟也分享了 2500多条教育心语，沉淀了自己的教育理论。

　　在"一周五听"中自助、助他与研究

　　拿着笔记本，揣着一支笔，端起小板凳，走进一间教室，聆听一堂课，这也成了我的工作日常。穿梭在同事的课堂中、奔跑在名师的课间，汲取教学的营养，修正自己的教学，丰富执教的经验……研课磨课是最难的，反复"折腾"，不仅有肉体上的"摧残"，更有精神上的"折磨"。可试教成功则如释重负、眉开眼笑。近几年，我和小伙伴们徜徉在"全员阅读""国际理解""全息智能增值评价"等研究中，将它付诸课堂，在研究中不断成长，每年听评课200余节，还能带着一节节好课从学校走向更大平台去展示。我还开办了自己专属的微信公众号，并坚持"周更"，200余篇原创文章，陈述着过往，沉淀着教育经验。

在"一月两书"中汲取、改变与影响

读书是教师的第一精神需要，读书我是认真的，每月2本，一年24本，我会在书的扉页上写上阅读的起止时间，也会在书中"乱批一通"，读完以后还会涂鸦一首格律诗为其总结……时间长了，专业素养得以提升，精神状态得以改善，教育信仰得以建立。我还通过组建"教师读书会""300名家长30天读3本家庭教育好书""世洪校长聊名著"等活动，惠及身边的好友、学生，也收获了很多志同道合的书友、一群爱书如命的学伴。

在"一期一辑"中回忆、总结与留痕

按部就班没有新意，因循守旧没有亮点，管理中每学期我都会聚焦一件事，或课堂教学，或课程建构，或评价改革……其目的在于集全校之力、汇全校之智，集中力量做好一件事。我更倡导在笔尖上成长，用教育写作去助推教师专业

发展。于是，围绕每学期的这件事，我们撰写观课笔记、绘制课堂设计、反思课堂策略……然后结集成册，编辑成书，其中《创响未来：深耕课堂》已由四川师范大学电子出版社出版，《我在西丰听课》已由四川远程电子出版社出版。学校的很多改革创新案例陆续被《中国教师报》《德育报》等刊载。

在"一题一梳"中整理、归纳与概括

课程即跑道，有什么样的课程就培养出什么样的学生。探索课程建设的这几年，我聚焦于问题解决，着力于课程图纸，时而文献检索、时而课堂实践、时而梳理总结，在时代化、本土化、人本化上下功夫，先后凝练了部分有意义、有价值的校本课程，"财经素养""古陶缶歌""国际理解"等课程内容还得以发表，许多师生、生生之间的课程故事也感动着我，激励我再出发。

年复一年地走在"一日、一周、一月、一期、一题"之间，我被自己感动着，回味着生动有趣的教育场景，收获着躬身实践带来的幸福，畅想着教育的美好未来，自然，时常也能听到成长拔节的声响……

载于《中国教师报》（2022年2月），有改动